感染症と人権

コロナ・ハンセン病問題から考える法の役割

内田博文

解放出版社

はじめに

　ゾウやトラ、ライオンなどのように、肉体的には人間よりもはるかに強い動物は少なくない。その弱い人間がここまで発展してきたのは、人間が社会的生活を営んできたからである。人間が社会的動物といわれる所以^{ゆえん}である。この社会的生活にとって何よりも必要なことは、すべての人が遵守^{じゅんしゅ}すべき「共通のルール」であり、「共通の尺度」である。これを提供するのが法の役割であり、そのために、法は、神学、文学、理学、医学と並んで、ドクター号（博士）の対象とされてきた。市民とは、文明に従って判断し、行動できる人だと定義されるが、法学は、神学、文学、理学、医学と並んで、この文明の幹とされ、市民にとって必須の教養とされてきた。

　社会生活は、みんながこの共通のルールを守るという信頼関係の上に成り立っている。法は、人権もこの信頼関係の上に据えて、その詳細を定めている。私の人権は守ってもらわないと困るが、あなたの人権は守らない。このようなエゴイズム、「孤人」主義では、どちらの人権も共倒れになってしまう。AがBの人権を守り、BがAの人権を守るという相互関係のなかでこそ、人権は成り立つ。

　この人権の擁護については、道徳的側面と法的側面をわけて考えることが必要である。法の特徴は、その規範が法的な規範とされた場合、この規範を遵守することが、すべての国民、市民に対し、個人的な価値観の如何^{いかん}にかかわらず、法的な強制手段によって義務づけられるという点にある。道徳との大きな違いである。法的な強制手段としては、刑罰のほか、行政罰や民事罰が用意されている。近時、「障害者差別解消法」（2013年）や「部落差別解消推進法」（2016

年)、「ヘイトスピーチ解消推進法」(2016年) 等が制定されているのも、このような法の持つ特性に鑑みてのことである。加害者側と被害者側とでは、差別被害についての認識が大きく異なり、いわば水掛け論が続いたということから、それに終止符を打ち、共通の尺度を設けるために、法が制定されることになった。以後は、この共通の尺度に従って、差別の有無、被害の程度等が認定され、それに従って必要な措置が講じられることになる。

　ただし、法には、道徳とは異なる限界もある。日本国憲法第19条は「思想及び良心の自由は、これを侵してはならない」と規定しており、法がその強制力を人々の内心の世界に及ぼすことは禁止されている。法の強制力の対象となるのは、身体の動静という外部的世界ということになる。権利意識の涵養（かんよう）などといった内心に対する働きかけは、教育啓発に委ねられることになる。もっとも、この人権教育、人権啓発の整備充実を図ることを国・自治体に義務づけることは、法の役割である。国・自治体の自主性に委ねると、真摯（しんし）に取り組むところとそうでないところとが出てくるからである。

　この法の役割から見た場合の日本の現状はどうかというと、日本国憲法は基本的人権の尊重を三本柱の一つとしているにもかかわらず、人権の分野の法整備はきわめて遅れているといえる。人権擁護に関する基本的な法規は不在で、人権相談や人権救済手続き等も法律ではなく、行政機関の定める規則が規定するところとなっている。人権教育・啓発についての法整備も不十分である。法律不在の人権行政といってもよい。そのために、権限不足、予算不足、人出不足の事態を招いている。このいわば「法の不在」状態を解消することが喫緊の課題となっている。

　差別、分断が社会の発展を阻害し、ときには世界戦争を誘発し、おびただしい犠牲者を出した歴史上の例は枚挙に暇（いとま）がない。今、私たちに求められてるのは、差別、分断の社会ではなく、「人間の尊

厳」に基づいて、共生の社会を作り上げていくことである。

　2020年3月18日のテレビ演説のなかでドイツのメルケル首相は、ドイツ国民に、次のように呼び掛けた。

　「感染症の拡大は、私たちがいかに脆弱_{ぜいじゃく}な存在で、他者の配慮ある行動に依存しているかを見せつけています。しかしそれは、結束した対応をとれば、互いを守り、力を与え合うことができるということでもあります」「我が国は民主主義国家です。私たちの活力の源は強制ではなく、知識の共有と参加です。現在直面しているのは、まさに歴史的課題であり、結束してはじめて乗り越えていけるのです」

　ドイツのメルケル首相も訴えるように、新型コロナウイルスの災禍に立ち向かうには、私たちの結束、全員の協力が肝要である。この国・自治体・専門家との間の、そして国民・市民の間の結束、協力には信頼が欠かせない。医療と並んで、人権がコロナ禍に立ち向かう最大の武器となる所以である。差別の撲滅が強く求められる。

　　　　　　　　　　　　　　　　　　　　　内田博文

＊法律名は各部の初出にのみ「　」をつけた。
「らい予防法」に関しては、差別語（らい）が
含まれていることに加え、当事者によっては
強い反発や忌避感を抱かれている名称であり、
本来「　」をつけるべきであるが、本書では
他の法律名と同様の扱いとした。

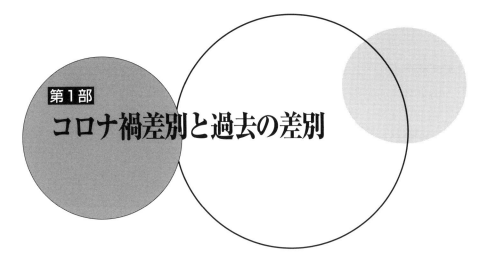

第1部
コロナ禍差別と過去の差別

コロナ下の人権問題（問題意識とその背景）

新型コロナウイルスとは

コロナウイルスはヒトを含めた哺乳類、鳥類などに広く伝播するウイルスで、さまざまな種類がある。エンベロープ（ウイルス表面の脂質性の膜）上にコロナ（王冠）のようなたんぱく質性の突起を持っていることが特徴で、コロナウイルスという名前もこれに由来する。

多くは動物に病気を引き起こすが、7種類のコロナウイルスは人間に病気を引き起こす。これら7種類のヒトコロナウイルス感染症のうち4種類は、風邪の症状を引き起こす軽症の上気道疾患に関係するウイルスである。しかし、3つのコロナウイルスは、より重症になる可能性がある。最近では、死に至ることもある肺炎の大規模な集団発生を引き起こしている。

「SARSコロナウイルス2」（SARS - cov2）は、新しいヒトコロナウイルス感染症の原因として、2019（令和元）年末に中国の武漢ではじめて特定され、短期間で全世界に広がった。世界保健機関（WHO）は、このウイルスによる感染症のことを「COVID-19」（コビット・ナインティーン）と名付けた。

新型コロナウイルスの主な感染経路は、飛沫感染と接触感染であ

ると考えられている。飛沫感染とは、感染者の咳やくしゃみ、会話などによって飛ぶ、ウイルスの含まれた飛沫を、ほかの人が鼻や口から吸い込むことによって感染することをいう。これに対し、接触感染とは、ウイルスが付着した物を触り、その手で口や鼻などを触ることによって、ウイルスが体のなかに入り、感染してしまうことをいう。たとえば、感染者がくしゃみや咳を手で押さえた場合、その手にはウイルスが付着してしまう。そのウイルスが付着した手で物を触れば、物にウイルスが付着することになり、それを触ったほかの人の手にもウイルスが付着することになる。

　医療の現場では、検査や処置の際にエアロゾル（空気中にいつまでも漂う形の病原体）が発生することで感染する可能性も指摘されている。これは、一般の飛沫感染から区別して、エアロゾル感染ともいわれる。

　新型コロナウイルスに感染し、初期症状が現れた場合でも、およそ80％の人はそのまま軽快する。しかし、残りの20％の人では、進行して肺炎が生じ、呼吸困難などの症状を呈することがある。さらに、そのうちの５％の人は、重症化して集中治療室での治療が必要となる。重症例では、発症当初は軽度な風邪症状のみしかないのに、その後、急激に悪化し、人工呼吸での管理が必要な肺炎に進行するケースも多く報告されている。これらの重症化は高齢者や基礎疾患（心血管疾患、糖尿病、悪性腫瘍、慢性呼吸器疾患等）を有する人で多く見られるのに対し、小児や若年層のなかには感染してもほとんど症状が現れない無症状病原体保有者が数多く存在するとこれまでされてきた。しかし、近時は、これに置き変わりつつある変異株の場合は基礎疾患のない若年層も重症化する傾向にあるとして、一層の警戒が呼びかけられている。

　新型コロナウイルス感染症は、典型的な肺炎症状だけでなく、下痢や吐き気などの消化器症状、頭痛、全身倦怠感といった、一見肺

炎とは関係ないような症状が現れることも多い。嗅覚や味覚の異常が生じるケースもあることが分かっている。そのため、診断の遅れにつながり、感染が拡大する可能性もあるとして注意喚起がなされている。日本国内では髄膜炎を発症したケースも報告されている。

　新型コロナウイルス感染症を診断するために行われる検査としては、PCR検査や抗原定量検査、抗原定性検査などがあり、検査時にその人の体にウイルスが存在しているか、ウイルスに感染しているかを調べることができる。最近では唾液でも検査が可能となっている。そのほか、肺炎の重症度を評価する目的で、経皮的な酸素飽和度の測定や、胸部X線検査、胸部CT検査などが行われている。

　2021（令和3）年8月21日0時現在の新型コロナウイルスの国内での新たな陽性者数は2万5461人（累計は127万7439人）、重症者数は1891人、死亡者数は33人（累計は1万5596人）で、まん延に今も歯止めがかかっていない。入院治療等を要する者は20万3540人だが、入院できずに自宅療養・ホテル療養している者が増加している。厚生労働省によると、2021年8月21日時点での全国の自宅療養者は前週のおよそ1.3倍の9万6000人となったとされる。自宅療養中で亡くなった人も出ている。

　医療の逼迫状況も深刻で、都道府県の2021年8月18日時点での確保病床使用率の全国平均は47％で、50％を超えている道府県は28に及んでいる。使用率の高いところで、滋賀県88％、沖縄県82％、神奈川県79％、千葉県75％、鹿児島県71％、茨城県70％、埼玉県70％、山形県69％、群馬県67％、岩手県67％、宮城県65％、奈良県65％、京都府64％、香川県63％、大阪府62％、福岡県61％となっている。

　重症者用確保病床の使用率も全国平均は47％で、9都府県では40％を超えている。東京都89％、神奈川県88％、千葉県83％、沖縄県82％、埼玉県71％、京都府59％、茨城県41％、栃木県41％、兵庫

県40％となっている。療養ホテルも逼迫度を増している。

　新型コロナウイルス感染症の治療法は、風邪のような症状の場合には対症療法（熱や咳などの症状を抑える治療）を行い、肺炎の場合は、酸素投与、全身循環管理に加えて、抗ウイルス薬やステロイド薬（炎症を抑える薬）の投与も行われている。抗ウイルス薬としては、アメリカでエボラ出血熱治療薬である「レムデシビル」が新型コロナウイルス感染症治療薬として正式に認可されたことに伴い、厚生労働省も2020（令和2）年5月7日に国内初の治療薬として承認したことを発表した。そのほかにも、既存薬が活用できないかも探索されており、実用化に向けて臨床試験が進められている。ただし、これらの治療薬は感染が確認されたすべての患者に適応となるわけではない。日本感染症学会は、「50歳以上で酸素投与が必要な患者」「基礎疾患があり酸素投与が必要な患者」「年齢にかかわらず呼吸状態が悪化傾向にある患者」に対して、これらの試験的に使用されている薬の適応を検討すべきとの見解を示している。

　これらの治療を行っても改善せず、特に重症な場合には、ECMO（エクモ）（体外式膜型人工肺―人工肺とポンプで肺の代替を行う装置）を使用しなければならないこともある。

　現在、新型コロナウイルス感染症のワクチンについては、通常より早いペースで開発が進められており、世界では複数のワクチンが承認され、接種が進められている。日本でも、アメリカの製薬大手のファイザー社のワクチンが2021年2月14日に薬事承認され、また、武田／モデルナ社ならびにアストラゼネカ社のワクチンが2021年5月21日に薬事承認された。これに伴い、2021年2月17日から、医療従事者を対象に、ファイザー製ワクチンの先行接種や優先接種が行われており、2021年4月12日からは、65歳以上の高齢者を対象にした優先接種も進められている。ファイザー製ワクチンは、1回目の接種から原則3週間後に2回目の接種を行う必要がある。2021

年 8 月20日時点での日本国内でのワクチン接種人数は 1 回目が6521万2896人、 2 回目が5052万7102人である。

感染症に起因する差別・偏見

　感染症の場合、そのまん延から社会を防衛するためとして、感染症に罹患、あるいは発症した患者の人権、そして、場合によってはこれらの家族の人権が著しく侵害され、ときには法の埒外に置くといった事態が招かれかねない。

　現に、ハンセン病の場合、日本は誤った強制隔離政策を90年近くにわたって採用し、未曾有の「人生被害」を患者・元患者及び家族等にもたらした。ハンセン病強制隔離政策は、裁判所によって三度の違憲判決（2001年 5 月11日の熊本地裁判決、2019年 6 月18日の熊本地裁判決、2020年 2 月26日の熊本地裁判決）が下され、国が控訴をしなかったために、これらの判決は確定し、内閣総理大臣、厚生労働大臣、衆参両院も謝罪声明や謝罪決議をあげている。

　国は、「らい予防法」違憲判決の確定を受けて、2001（平成13）年 7 月にハンセン病違憲国賠訴訟全国原告団協議会との間で結んだ「和解に係る基本合意書」で約束した「真相究明事業」「再発防止対策」等を実施するために、第三者機関の「ハンセン病問題に関する検証会議」を2002（平成14）年10月に設置した。

　検証会議は検証結果等をまとめた『最終報告書』等を2005（平成17）年 3 月に厚生労働大臣に手渡した。検証会議は再発防止策も国に提言した。その柱とされたのは、「患者・被験者の諸権利の法制化」と「差別・偏見等を防止するための国等の責務とその施策等」などである。しかし、この提言も今も棚上げにされたまま、実現されていない。諸外国に見られるような「患者の権利を中核とする医療基本法」や「包括的な差別禁止法」の法制化は実現されていない。そのために、国の誤った政策によって作出されたハンセン病差

別は今も患者・元患者及び家族を苦しめている。

　それは、コロナ禍差別でも同様である。まん延に起因する差別・偏見の各地での発生にも実効性のある予防措置は講じられていない。

　医療従事者に対し、感謝するのではなく、逆に「感染を広げるのはやめろ」と非難し、診療所に投石し、窓ガラスを割るといった事案も発生している（入院病床が足りないために在宅療養を余儀なくされている患者の自宅を訪問し、この間、診察や治療に当たってきた兵庫県D市の診療所医師などの例がある）。ハンセン病問題の教訓が生かされているとはいえない。

　ハンセン病問題の教訓をどう生かすかということが、感染症の問題を議論するときの出発点となる。差別禁止法の制定も含めて、感染症と人権の問題については、この「共通の土俵」を踏まえた議論が求められる。

感染症と法

違憲立法審査権

　法は異なる二つの役割を果たし得る。一つは、国民、市民の権利、利益を国等による侵害から守るという役割である。もう一つは、国民、市民の権利を制限したりする権限を国に付与することによって、国策の遂行を容易にするという役割である。後者の方には「悪法」と非難されるものも少なくない。ナチスドイツが犯した数々の蛮行も、悪法を根拠として強行された。国の誤ったハンセン病隔離政策も、「癩予防法」（昭和6年4月2日法律58号）やらい予防法（昭和28年8月15日法律第214号）に基づいて実施された。

　そこで、第二次世界大戦後、多くの国々は、違憲立法審査権を裁判所などに付与し、悪法を無効とする道を用意している。日本国憲法も、基本的人権の尊重を、国民主権や平和主義と並ぶ三大原理の

一つとし、これに違反する法規の実施を防止するために、違憲立法審査権を裁判所に付与している。らい予防法もこれによって違憲とされた。

　しかし、違憲とされるまでには多くの時間を要した。そのために、多くの深甚な人権侵害が発生した。違憲立法審査権を付与された裁判所、裁判官が差別・偏見に冒され、加害者になったケースもみられる。「人権のプロ」とされる裁判官といえども、差別・偏見のゆえに人権を侵害することがあるというのもハンセン病問題の教訓である。

　それでは、「伝染病予防法」及び「感染症法」の場合は、いかがであろうか。

　明治政府は、1897年4月、伝染病予防法（明治30年4月1日法律第36号）を制定した。伝染病の予防及び伝染病患者に対する適正な医療の普及を図ることによって、伝染病が個人的にも社会的にも害を及ぼすことを防止し、もって公共の福祉を増進することがその目的とされた。

　伝染病予防法では、①コレラ、②赤痢（疫痢を含む）、③腸チフス、④パラチフス、⑤痘瘡、⑥発疹チフス、⑦猩紅熱、⑧ジフテリア、⑨流行性脳脊髄膜炎、⑩ペストが伝染病として指定された。これらのほか、この法律により予防方法の施行を必要とする伝染病があるときは、主務大臣がこれを指定することとされた（第1条）。これらの伝染病の流行又は流行の恐れがあるときは、地方長官は、その伝染病の疑似症に対し、この法律の全部又は一部を適用することができる（第2条）として、次のような規定が置かれた。

　伝染病患者のある家においては医師等の指示に従って清潔方法及び消毒方法を行う（第5条）。伝染病予防上必要と認めるときは、当該吏員は、伝染病患者を伝染病院又は隔離病舎に入らせ、必要と認めるときは健康者も隔離所に入らせる（第7条）。伝染病毒に汚染

し、もしくは汚染の疑いのある物件は当該吏員の許可を受けなければ使用、授与、移転、遺棄又は洗浄することができない（第10条）。伝染病予防上必要な場合、当該吏員は、家宅、船舶その他の場所に立ち入ることができる（第14条）。地方長官は、伝染病予防上必要なときは、①伝染病患者の有無の検診、②市町村落の全部又は一部の交通の遮断、③人民の群衆の制限又は禁止、④病毒伝播の虞^{おそれ}のある物件の出入りの制限、停止、⑤伝染病毒の媒介となるべき飲食物の販売・授受の禁止及び廃棄、⑥一定の場所における漁労、遊泳又はその水の使用の制限・停止等を命じる（第19条）。

　戦後は、伝染病予防法に加えて、「性病予防法」（昭和23年７月15日法律第167号）、「結核予防法」（昭和26年３月31日法律第96号）のほか、「後天性免疫不全症候群の予防に関する法律」（「エイズ予防法」、平成元年１月17日法律第２号）も制定された。

　1998年には、感染症を取り巻く状況の激しい変化に対応するために、伝染病予防法、性病予防法、エイズ予防法を統合して、「感染症の予防及び感染症の患者に対する医療に関する法律」（感染症法、平成10年10月２日法律第114号）が制定され、翌1999年４月１日から施行された。ハンセン病の教訓を生かすことも、法制定の狙いとされた。感染症法は、前文で、次のように規定した。

　「人類は、これまで、疾病、とりわけ感染症により、多大の苦難を経験してきた。ペスト、痘そう、コレラ等の感染症の流行は、時には文明を存亡の危機に追いやり、感染症を根絶することは、正に人類の悲願と言えるものである。

　医学医療の進歩や衛生水準の著しい向上により、多くの感染症が克服されてきたが、新たな感染症の出現や既知の感染症の再興により、また、国際交流の進展等に伴い、感染症は、新たな形で、今なお人類に脅威を与えている。

　一方、我が国においては、過去にハンセン病、後天性免疫不全症

候群等の感染症の患者等に対するいわれのない差別や偏見が存在したという事実を重く受け止め、これを教訓として今後に生かすことが必要である。

このような感染症をめぐる状況の変化や感染症の患者等が置かれてきた状況を踏まえ、感染症の患者等の人権を尊重しつつ、これらの者に対する良質かつ適切な医療の提供を確保し、感染症に迅速かつ適確に対応することが求められている。

ここに、このような視点に立って、これまでの感染症の予防に関する施策を抜本的に見直し、感染症の予防及び感染症の患者に対する医療に関する総合的な施策の推進を図るため、この法律を制定する」

基本理念についても、第2条で、「感染症の発生の予防及びそのまん延の防止を目的として国及び地方公共団体が講ずる施策は、これらを目的とする施策に関する国際的動向を踏まえつつ、保健医療を取り巻く環境の変化、国際交流の進展等に即応し、新感染症その他の感染症に迅速かつ適確に対応することができるよう、感染症の患者等が置かれている状況を深く認識し、これらの者の人権を尊重しつつ、総合的かつ計画的に推進されることを基本理念とする」と規定された。

伝染病予防法から感染症法への転換の眼目とされたのは、次のような点であった。

その一つ目は、感染症の発生・拡大に備えた事前対応型行政の構築で、そのために、感染症発生動向調査体制の整備・確立と、国、都道府県における総合的な取り組みの推進（国が感染症予防の基本指針を作り、都道府県が予防計画をあらかじめ策定、公表し、関係各方面と連携する）を図ることとされた。また、特に予防のための総合的な施策を推進する必要のある感染症については、国が個別の指針を必要に応じて作っていくこととし、インフルエンザ、性感染症、エイ

ズについて特定感染症予防指針を策定することとされた。

　二つ目は、感染症類型と医療体制の再整理で、伝染病予防法では法定伝染病、指定伝染病、届出対象疾患の３項目に分類されていた。それらに性病予防法に定められた感染症及びエイズを加え、分類の見なおしが行われた。

　三つ目は、患者等の人権尊重に配慮した入院手続きの整備で、入院等については、感染症の類型に応じて行うこととし、患者の意思に基づく入院を促す入院勧告制度も導入することとされた。都道府県知事による72時間を限度とする入院をまず行い、その後、保健所ごとに設置する感染症の診査に関する協議会の意見を聴いたうえで、10日間を限度とした入院を行う。さらに、必要なら10日ごとに、前述の協議会の意見を聴いたうえで入院の延長を行うこととされた。30日を超える長期入院患者から行政不服審査請求があった場合、５日内に裁決を行う特例の手続きも規定された。

　その他、感染症のまん延防止に資する必要十分な消毒等の措置の整備や、検疫体制、動物由来感染症対策の整備も感染症法のポイントだとされている。

　「差別の禁止」の実現を

　2002年11月から2003年７月初旬にかけて東アジアを中心として世界各国に広がった「SARS」（重症急性呼吸器症候群）などの海外における感染症の発生や、移動手段の発達に伴い、人や物資の移動が迅速、活発になること、保健医療を取り巻く環境の変化に対応するために、感染症法は2003（平成15）年10月に改正され、11月から施行された。2007年４月にも改正され、結核予防法と統合された。高病原性鳥インフルエンザ（H5N1）の感染拡大状況を踏まえ、新型インフルエンザのまん延が発生した場合に備え、2008（平成20）年５月にも改正され、同月から施行された。

2020年、新型コロナウイルス感染症の流行を受けて、「新型コロナウイルス感染症を指定感染症として定める等の政令」（令和２年１月28日政令第11号）が制定された。新型コロナウイルス感染症を感染症法第６条第８項の指定感染症として定めることとされた。

　それでは、感染症法に基づく施策は、らい予防法に基づくハンセン病強制隔離政策等と異なり、偏見・差別の発生を防止し得ているのであろうか。否といえる。各地でコロナ禍差別（コロナ禍を要因とする差別）が発生しているからである。感染症法は、らい予防法と同じく、コロナ禍差別の発生をむしろ醸成し、助長していると言っても間違いではない。

　日本国憲法は、その第14条で、「すべて国民は、法の下に平等であって、人種、信条、性別、社会的身分又は門地により、政治的、経済的又は社会的関係において、差別されない」等と規定しているが、感染症の分野においても、この規定は生かされていない。感染症法を改正し、差別禁止法を制定することや、実効性のある人権教育・啓発を推進することなどによって、憲法第14条の謳う「差別の禁止」を実現していく必要がある。

過去の災害において発生した人権侵害

災害時の人権侵害

　新型コロナウイルス感染症の拡大は、広くは「災害」として位置付けることができる。このことについては46頁から詳述したいが、「災害対策基本法」の第２条では、災害をもって「暴風、竜巻、豪雨、豪雪、洪水、崖崩れ、土石流、高潮、地震、津波、噴火、地滑りその他の異常な自然現象又は大規模な火事若しくは爆発その他その及ぼす被害の程度においてこれらに類する政令で定める原因により生ずる被害をいう」と定義されている。この災害の定義に、感染症も当てはまるといえることが、その理由の第一である。

また、さまざまな災害によってもたらされる社会不安は、新型コロナウイルス感染症の拡大に際しても確認できるものであることが、その理由の第二である。

　第三は、災害対策基本法でも、「新型インフルエンザ等対策特別措置法」（平成24年法律５月11日法律第31号）と同様、「内閣総理大臣は、閣議にかけて、関係地域の全部又は一部について災害緊急事態の布告を発することができる」（第105条第１項）と規定されていることである。緊急事態下でどの程度、人権を制限できるかが問題となる。

　災害において人権侵害が発生するのは、今回の新型コロナウイルス感染症がはじめてではもちろんない。

　過去の教訓としては、古くは1923（大正12）年９月１日に起きた関東大震災時における各地での朝鮮人の虐殺が直ちに浮かぶ。大震災直後の混乱のなか、「朝鮮人が火をつけ、暴動を起こそうとしている」「井戸に毒を投げ入れた」というデマが広まり、政府も戒厳令を発令したなかで、デマを信じた市民による自警団や軍隊が朝鮮人や中国人、社会主義者らを殺傷した。全国で6000人余りが犠牲になったとの説もある。この自警団は、コロナ禍の「自粛警察」を彷彿させる。

　藤野裕子『民衆暴力——一揆・暴動・虐殺の日本近代』（中公新書、2020年）などによると、東京では、早くも震災当日の晩から虐殺がはじまったという証言があり、殺害に加わったのは自警団だけではなく、軍隊も朝鮮人を殺害したという目撃証言が多数あるとされる。知り合いの朝鮮人を保護する一方で、見ず知らずの朝鮮人の虐殺に加わったケースも多い。

　官憲が流言を広め、軍隊が戒厳令を敷き、朝鮮人を殺す。こうした公権力の直接的な関与が、多くの日本人に流言を真実だと信じさせる結果となった。

自警団を結成した民衆による虐殺と、軍隊や警察による虐殺という、まさに「官民一体の虐殺」が東京都の特徴であった。埼玉県等のように「民間主導」型の虐殺も見られた。

　埼玉県では9月4日になって中山道沿いの熊谷で57人、本庄で88人、神保原で42人もの犠牲者が出た。埼玉県の事件は、警察が朝鮮人を、中山道筋を使って、集団でトラックや徒歩などにより、群馬県方面に送ったところ、民衆によって襲われたものである。ただし、朝鮮人を襲った民衆は、埼玉県の場合には、埼玉県庁を経由した内務省の通牒により組織された住民が中心であり、したがって、この地域においても政府は朝鮮人虐殺の責任を免れないとされる。

　19世紀から20世紀にかけてのドイツの高名な政治学者・社会学者・経済学者のマックス・ウェーバーは、国家をもって「国家とは、いかなる形態・方法であれ暴力を使用することについての正統性の根拠である」と定義した。このマックス・ウェーバーの定義はその後、法哲学・政治学の有力な見解となっている。国家は、この暴力の使用に備えて、軍隊や警察等の実力部隊を保有している。しかし、関東大震災時には、暴力の正当性を独占していたはずの国家が、民衆にその正当性を委譲して、「天下晴れての人殺し」の許される状態が作り出された。

　また、このとき、民衆からは、朝鮮人に対する蔑視や敵意に加え、男らしさというジェンダー規範、国家に貢献することへの誇り、人を殺すことへの残虐な好奇心などが沸き起こった。殺害の後には、復讐されることへの不安に駆られ、虐殺は一層徹底的なものになったという。

薬害エイズ事件

　薬害エイズ事件も看過することができない。薬害エイズ事件とは、1980年代に血友病患者に対し、加熱処理をせずウイルスの不活

性化を行わなかった血液凝固因子製剤（非加熱製剤）を治療に使用したことにより、多数の「HIV」（ヒト免疫不全ウイルス）感染者及びエイズ患者を生み出した事件をいう。大きな差別問題が発生した。

この薬害エイズ事件について、菅直人厚生大臣は1996（平成8）年2月16日に原告団に謝罪し、同年3月7日、東京・大阪両地裁は発症者に月15万円を支給する第二次和解案を提示し、被告5社が3月14日に、日本政府も翌15日に和解の受け入れを発表した。原告側も20日に受け入れを決めたため、3月29日に両地裁で和解が成立した。らい予防法をモデルにして制定されたエイズ予防法は1999年4月1日に廃止され、感染症新法が制定された。しかし、それでもHIV感染症はいまだに差別の対象から逃れられていない。薬害エイズの患者らを支援する「はばたき福祉事業団」（東京）の柿沼章子・事務局長によると、自身もHIV感染者で事業団理事長だった大平勝美さんは「薬害エイズの教訓が、コロナ対策にまったく生かされていない」と嘆き、2020年6月に亡くなったという。71歳だった。

今でも医療者の間においてさえも、HIVに対する誤った理解が残っている。HIV陽性者に対する診療拒否、手術拒否、転院を迫る例などがたびたび聞かれる。人工透析をしてもらえる地区の病院を探したが、ほとんどで門前払いをされた。都内では全滅で、23区内でもほとんどの病院で断られているともされる。「対応の基本は、HIV感染を開示することへの不安や偏見、差別への恐怖を抱える患者に対し、プライバシーの保護や配慮にはより細心の注意を払うこと、偏見や差別を感じさせない対応を心がけることであろう」等とする日本透析医会・日本透析医学会のガイドライン「HIV 感染患者透析医療ガイドライン」は、病院現場にはまだまだ浸透していない。HIV陽性者を積極的に受け入れている拠点病院と、そうでない拠点病院とで大きな差が生まれている。福祉施設や介護施設での差

別・偏見もみられる。HIV陽性者の受け入れ先は少ない。社会や職場での差別・偏見も解消されていない。陽性を理由に転属・配転や退職を迫られたり、不採用になるケースなどが多数発生しているが、ほとんどの場合、本人は泣き寝入りを強いられている。家族に言ったところ、「お前は家族ではない。死んでしまえ」と言われたというケースもみられる。生きる希望を失い、服薬をしないという選択をした人もいる。病気を隠している人も多く、本人とっては、精神的な負担になっている。

水俣病

　公式確認から65年を迎えた「水俣病」でも、いまだ差別問題は厳しい状況にある。水俣病とは、熊本県八代海沿岸及び新潟県阿賀野川流域において発生した公害病の一つである。高度経済成長にあった日本で発生し、1956（昭和31）年５月に公式発見された。第二水俣病、四日市喘息、イタイイタイ病と並んで、日本における４大公害病の一つに数えられる。水俣病は、メチル水銀が工場排水に混じって環境中に排泄され、これらを多く取り込んだ魚や貝をヒトが摂取したことで発生した。しかし、メチル水銀が原因だと判明し、環境に配慮した対策がとられたのは1968（昭和43）年のことで、多くの人が水俣病に罹患する事態となった。長い歳月を経た今も、多くの被害者が病に苦しみ、差別や偏見に傷つき、裁判が続いている現実がある。

　水俣病を語ること自体が後ろめたいことであるかのように扱われており、水俣病差別の温床となっている。被害実態調査を何らしない。狭い認定基準を設けて患者認定を行わない状態は今も続いている。水俣病を被って苦労している人々があたかもニセ患者のように扱われている。水俣病差別の事例としては、患者の弟の結婚話が破談になったケース、親が水俣病裁判をしていることが理由でチッソ

の就職試験を受けたところ不採用になったケース、患者が結婚差別を恐れて認定申請の手続きをしなかったケース、悩んだ末やっと認定申請したが、時期遅れを理由に認定が認められなかったケース、などが報告されている。

東日本大震災

2011（平成23）年3月11日に発生した東日本大震災及びこれに起因する福島原発事故も記憶に新しいところである。

2017（平成29）年1月から2月にかけて震災支援ネットワーク埼玉とNHKクローズアップ現代プラス番組制作班とは共同で、福島県南相馬市の全戸6200世帯と、関東1都6県で避難生活を送る福島県双葉町、富岡町、大熊町、いわき市住民の計1万275世帯を対象にアンケート調査を行った。調査では、「原発避難に関するいじめ問題についての実態調査」も、もう一つの調査表の項目とされた。この調査に応じた双葉町から埼玉県に避難した母親は、調査当時17歳の男の子が受けた「いじめ」について、次のように回答したという。

「放射能がうつるから近寄るな」「汚い」「気持ち悪い」「福島のやつらは金をもらっている」「福島人は金持ちだからたかっていい」「帰れ」「核のゴミを持ってくるな」「勉強する資格がない」と言われた。タバコの火をおしつけられた。万引きを強制された。生ごみを食べさせられた。お金をとられた。バッグ、教科書をわざと汚されたり、壊されたり、とられたりした。夜、呼び出しをされ、タバコを買わせられた。家に押しかけられ、朝まで大騒ぎされ、酒を飲み、タバコを吸われ、部屋が汚くなった。妹の部屋の天井の壁が壊され、穴を開けられた。ナイフを足に突きつけられ、脅迫された。「お前ら福島人は生きる資格がないから全員殺す」と言われ、警察にも被害届が受理された。髪を丸刈りにさせられた。自転車を壊さ

れた。

　この母親自身も近隣の人や知人から次のような精神的苦痛を受けたと回答している。

　一時（相馬市の自宅に）帰宅し、アルバムなどを持って（避難先に）帰ってきたとき、「気持ち悪いから、あんまり持ってこないで」「もう荷物なんか持ってこなくてもいいじゃないの？」「早く、福島に帰ればいいのに……」「金がある人はいいわねー！」「福島県産のものなんて、汚くて気持ち悪くて買えない」。近所の人や知人に「あの家は、福島から来たやつらで汚い」などと言われた。車のミラーを曲げられ、壊された。あいさつをしてもムシされる。暴言をはかれたり、ゴミを敷地内に入れられたりする。「原発宝くじに当たったやつらなんて、早く死ねばいいのに……」と言われた（戸田典樹編著『福島原発事故　取り残される避難者』明石書店、2018年、14頁以下などを参照）。

ハンセン病

　さらに、忘れてはならないのが、ハンセン病である。

　1907（明治40）年の法律「癩予防ニ関スル件」の制定以来、1996年のらい予防法の廃止まで実に90年近く強行された国の誤ったハンセン病強制隔離政策の下で、数々の人権侵害及び差別事象も枚挙に暇がないほどに発生した。2005年3月に国に提出された『ハンセン病問題に関する検証会議　最終報告書』は、第6章を、現代にまで至るハンセン病差別・偏見を作出・助長した「無らい県運動」の分析に割いている。そこで、1951（昭和26）年1月27日深夜に山梨県北巨摩郡多摩村（現在は北杜市須玉町東向・須玉町小倉）で発生したハンセン病患者の一家心中事件をとり上げ、次のように考察している。

　「彼ら（国立ハンセン病療養所職員ら—引用者）の結論は、一家心中

に至った背景には、ハンセン病に関する父親と周囲の村民の無知・無理解があるとはいえ、基本的には一家の内部事情が直接の原因であるというものであった。『無癩県運動』のもとでの患者の摘発、そして徹底的な消毒、こうした実態が、ハンセン病への恐怖感を住民に植え付け、患家を絶望の淵へ追い込んだという認識はない。

　同じく、2月4日付『朝日新聞』夕刊は、『ライ病が伝染病であり、病人を隔離し十分に消毒さえしたら伝染の恐れはないことを、村民の全部が知っていたならば、こんな悲劇は起こらなくても済んだはずである』と論評した。しかし、むしろ、その隔離と消毒への恐怖が、このような悲劇を生み出したのである。この記事にも、隔離と消毒の徹底を求めて『無癩県運動』を推進する論理が一貫しているのである」

　らい予防法で許された範囲を超えた専門家、市民の暴走によって、患者・元患者、その家族の人権は根こそぎ侵害された。憲法の禁止する法の下の平等が侵された。

　「優生保護法」による患者・家族の断種・堕胎の合法化もその一つで、PTAが患者の子どもの通学拒否運動を繰りひろげた龍田寮児童通学拒否事件（黒髪校事件）や、「特別法廷」（次頁に説明）もその一つであった。

　このうち、龍田寮児童通学拒否事件とは、国立ハンセン病療養所菊池恵楓園付属の熊本市内にある龍田寮（菊池恵楓園に入所している父母をもつ子どもが生活する施設）の児童が、地元の市立黒髪小学校に通学することに、感染を恐れたPTAの間から反対の声があがったという事件である。

　市教育委員会が新学期から龍田寮児童を通学させると通告したところ、これを不満としたPTA反対派は同盟休校に入り、黒髪校校門にピケを貼ると共に、大きな字で「らいびょうのこどもと、いっしょにべんきょうせぬように、しばらくがっこうをやすみませう」

などと貼り紙もした。同盟休校は続き、全校児童約1900人のうち龍田寮の子ども４人を含む275人の児童だけが教室で授業を受けた。

これに対し、PTA反対派は寺院・銭湯などで、同盟休校児童に対して寺子屋式の自習教室を開いたため、教育委員会が調停に乗り出す事態になった。

恵楓園入所者自治会も事態の打開のため協議に参加したが、反対派の態度は強硬で、事態は深刻化していった。熊本商科大学長が龍田寮の子ども４人のうち３人を自宅に引き取り、そこから通学させるということで、ようやく一応の解決を見たが、その後、龍田寮は閉鎖され、龍田寮の子どもたちは、各地の施設に分散させられていった。

ハンセン病では、「人権のプロ」とされる法曹が憲法違反の差別をハンセン病患者に行ったことも明らかになっている。ハンセン病患者が、ハンセン病療養所、刑事収容施設等の強制隔離施設内に特別に設置された法廷において、非人間的な差別的取扱いの下で裁判を受けてきたという、いわゆる特別法廷の問題がそれである。最高裁判所事務総局によってまとめられ、2016（平成28）年４月に公表された「ハンセン病を理由とする開廷場所指定に関する調査報告書」によると、ハンセン病患者がかかわる裁判の開廷場所の指定が次のように総括されている。

「本調査によれば、最高裁判所によるハンセン病を理由とする開廷場所の指定は、指定する場合の開廷場所の特定方法及び開廷場所指定の内部手続において相当でない点があり、また、裁判所外での開廷の必要性の認定判断の運用は、遅くとも昭和35（1960―引用者）年以降、裁判所法69条２項に違反するものであった。

このような誤った指定の運用が、ハンセン病患者に対する偏見、差別を助長することにつながるものになったこと、さらには、当事者であるハンセン病患者の人格と尊厳を傷つけるものであったこと

を深く反省し、お詫び申し上げる」

　ハンセン病療養所に設けられた特別法廷で、患者とされた男性が死刑となった「菊池事件」で、検察が再審請求しないのは違法だとして、他の元患者6人が国に賠償を求めた訴訟の判決が2020年2月26日、熊本地裁であった。小野寺優子裁判長は同事件の特別法廷での審理について、「男性以外の関係者は予防衣を着用し、証拠物を扱う際は手にゴム手袋をはめ、箸を用いた」と指摘し、「当時のハンセン病に関する科学的知見に照らせば合理性を欠く差別であり、（法の下の平等を定める）憲法14条1項に違反する」と述べ、1960年以前に行われた特別法廷についてもはじめて違憲と判断した。ハンセン病患者であることを理由とする特別法廷の違憲性を認めた司法判断がはじめて下された。

　これらのハンセン病差別の事案においては、誤った国策で生み出された差別構造を専門家、市民が具体化し、増幅していくという構図がみられた。しかし、加害者として差別に直接、間接にかかわったということに専門家、住民が気づくことは長らくなかった。

　ハンセン病差別・偏見は、今も当事者の「人間回復」にとって高い壁となっている。「当事者の体感」は強いものがある。2001年5月11日の熊本地裁判決後もハンセン病差別・偏見に大きな変化は見られないと、多くの元患者が感じている。

　療養所入所者の少数化（2021年5月1日現在、全国14療養所の在園者計1004人）及び高齢化（2021年5月1日時点で平均年齢87歳後半）はますます進んでいる。療養所を「終の棲家」とせざるを得ない。そして、死亡後、遺骨が療養所内の納骨堂に安置される者は今も少なくない。

　退所者は今も、この差別・偏見にさらされて生きている。2001年の熊本地裁判決の確定等を受けて設置されたハンセン病問題に関する検証会議の提言を受けて設置された再発防止検討会は、2016年11

月に東京及び大阪において、全国退所者連絡会の役員から退所者調査に関するヒアリングを実施した。

これによると、「沖縄県でも、500名余りの回復者が一般社会で生活していると言われていますが……ほとんどの回復者は身を沈めてひっそりと隠れて生活しているのが実態です」などの厳しい実態が紹介されている。このヒアリングでは、沖縄県在住の退所者の半数が「今後は療養所に再入所することを検討している」とのショッキングな話も紹介された。

家族の実態も、退所者のそれに近いものがあると推察される。国の誤ったハンセン病強制隔離政策により、患者のみならずその家族も厳しい差別被害を受けたとして、国に賠償を求めたいわゆるハンセン病家族訴訟について、2019年6月28日、熊本地裁は、原告の訴えを認め、国に賠償を命じる画期的な判決を言い渡した。国の主張を退け、患者のみならず家族もハンセン病隔離政策等によって、憲法第13条が保障する社会内において平穏に生活する権利（人格権）や憲法24条1項の保障する夫婦婚姻生活の自由を侵害されたとした。

そして、これも国の主張を退け、「ハンセン病患者の家族の偏見差別に対するハンセン病隔離政策等が及ぼした影響は重大であり、ハンセン病隔離政策等を遂行してきた被告（国—引用者。以下同）は、偏見差別を除去する義務をハンセン病患者の家族との関係でも負わなければならない」「厚生大臣及び厚生労働大臣は、上記において認めた義務を尽くしておらず、国家賠償法上の違法性があり、厚生大臣及び厚生労働大臣には、少なくとも過失があった」とした。

判決は、厚生大臣（厚生労働大臣）のみならず、法務大臣及び文部（文部科学）大臣についても、「ハンセン病患者の家族に対する偏見差別の是正を含む人権啓発教育を実施するための相当な措置を

行ったとは認められず、平成8年（1996年、らい予防法廃止）の時点において、ハンセン病隔離政策等によってハンセン病患者の家族に重大な差別被害が生じており、被告によるハンセン病患者の家族に対する偏見差別を除去するための人権啓発活動が必要であることを、容易に認識できた」とし、国賠法上の違法性及び過失を認めた。

　もっとも、判決には、原告らからすると不満だとされる点もいくつかみられた。なかでも大きいのは、「平成14年（2002年、「元患者賠償法」成立後）以降に差別等があったとしてもそれをもってハンセン病隔離政策等に基づくということはできない」とし、2002年以降の損害は損害賠償の対象外とされている点である。具体的な差別体験によって生じた精神的苦痛は共通損害から除外された結果、賠償額は143万円（167名）、110万円（2名）、55万円（59名）、33万円（313人）というようにきわめて少額となり、原告らの受けた「人生被害」に見合うものとは到底なっていないという点も大きい。判決を聞いた原告団副団長の黄 光男（ファングァンナム）さんが、この賠償額について「台無しにされた人生、こんなお金で何が変わるのか」と複雑な表情を見せたのも当然といえよう。

　原告のみならず、被告の国も控訴を断念し、本判決も確定した。原告側から見ての地裁判決の不満な点は、その後の立法措置によって一定程度、是正されることになった。議員立法により、「ハンセン病元患者家族に対する補償金の支給等に関する法律」（令和元年11月15日法律第55号）が2019年11月22日に公布・施行された。

　ただ、今も厳しいハンセン病差別・偏見を放置したままでは、対象者のうち補償金を請求するのは約3割にとどまるのではないかという関係者の厳しい見方もみられる。原告のほとんどは今もカミングアウトできていない。補償金を請求するかどうかという、家族の葛藤は、想像を超えるものがある。請求する人は増えるどころか、

減る傾向にあると報じられている。

　なぜ、HIVにしても、東日本大震災にしても、ハンセン病にしても、差別は解消されずに、今も続いているのだろうか。

　これには、差別は一過的なものではなく、ほうっておくと広がって、「差別の日常化」が現出し、差別が新たな差別を引き起こすという「差別の連鎖」が起きるということが大きい。被差別者も、本人からその家族等へと拡大する。善意でこれを止めることは難しい。

　問題を個々人の善意に委ねて解決するかというと、そうはならない。マイノリティ差別の場合、加害者側と被害者側とでは、大きな認識ギャップがみられる。客観的には差別行為に該当するにもかかわらず、加害意識を欠く差別も少なくない。加害意識を欠くどころか、「本人のためだ」という意識（パターナリズム）の場合もみられる。「社会のためだ」と称して行われる場合も多い。日常的に差別を行い、それを当然としてきた自分たちの固定観念が差別的だと非難されると、非難は「不快」だと開き直る、あるいは、非難は「人権の悪用ないし濫用」で、そうした「人権侵害」から「人権を守る」と言って加害者―被害者を入れ替える「多数者の論理」も横行している。

　コロナ禍差別に立ち向かうに当たっては、これらのマイノリティ差別の特性を踏まえた実効的な防止策を講じることが求められているのではないか。

頻発するコロナ禍差別・人権侵害とその内容

コロナ禍差別の実例

　新型コロナウイルス感染症の拡大が衰えを見せないなかで、人々の不安も一向に収まる気配がない。

　大人だけではなく、子どもたちの間でもいじめなどが生じてお

り、不安に端を発した感染者への誹謗中傷もむしろ拡大の傾向を示している。

福島県郡山市にある郡山女子大学では、一人の教授が感染したことが公表されると、教職員の子どもが保育所への預かりを拒否されたり、会社勤めの配偶者が出勤を止められたりした。付属高校の生徒が「コロナ、コロナ」と指をさされ、一時は制服での通学を見合わせる事態にまでなった（「朝日新聞」2020年3月26日）。

卒業旅行や懇親会などで学生中心に感染が広がった京都産業大学には、抗議のメールや電話が相次いだ。「感染した学生の名前を教えろ」「殺しに行く」「大学に火をつける」などの脅迫もあった（同4月8日）。三重県では感染者の家に石が投げ込まれ、壁には落書きされたという（同4月21日）。

都会から帰省してきた人や観光客などに対しても心ない誹謗中傷がなされている。

青森県では、帰省してきた人の家の敷地内にビラが投げ込まれ、そこには「なんでこの時期に東京から来るのですか？……さっさと帰って下さい‼　皆の迷惑になります」などと書き込まれていたと報じられた（「毎日新聞」2020年8月11日）。

差別の手段はビラにとどまらず、器物損壊にまで発展している。県外ナンバーの車に傷をつけたとして、器物損壊罪に問われた富山市の無職男（65）の初公判が8月20日、富山地裁であった。

動機について被告は、「新型コロナウイルスを県外から持ち込んでいると思った。嫌がらせをすれば富山に来なくなると思った」と語ったという（「北日本新聞」2020年8月21日）。

第1回目の緊急事態宣言は2020年4月7日に発出され、同月16日に対象が全国に拡大された。その2020年4月から3カ月半の間、全国で唯一「感染者ゼロ」だったのは岩手県だが、その岩手県で2020年7月29日にはじめて陽性が確認された。

陽性が確認された40代男性が勤める県内の企業は29日夜、HPで従業員の陽性を発表した。その後、この企業には電話が殺到し、31日までに約100件あった。中傷の電話も少なくなかったという。

　企業HPには30日夜からアクセスが殺到し、サーバーが一時ダウンした。ネット上では感染者を特定しようとする動きもみられ、岩手県知事は31日の記者会見で、感染者へのバッシングが懸念される事態について、「犯罪にあたる場合もある。厳格に臨む意味で、(中傷に対しては)鬼になる必要がある」と強調した(「朝日新聞」2020年8月1日)。

　ラグビー部の寮で部員53人の新型コロナウイルスのクラスター(感染者集団)が発生した奈良県天理市の天理大学に対しては、「大学の感染対策に疑問を感じる」「医療従事者に負担をかけた」などという理由で、大学に謝罪を求める電話やメールが、市役所に50件近く、大学にも10件ほど寄せられたという。

　最初の感染確認が発表された8月16日以降、部員ではない複数の学生から「バイト先で『やめてくれ』と言われた」などの訴えが相次いだ。同様の訴えは天理市にも寄せられており、事態を重く受け止めた大学と市は、20日午後、学長と市長がそろって記者会見し、学生の不当な扱いや差別の助長をやめるよう訴えた(同8月18日)。

　ネット社会の広がりのなかで、インターネットを悪用した差別がコロナ禍でも見られる。インターネットを悪用した差別は、瞬時に世界的な規模で広がりを見せるために、被害の質量は以前と比較にならない。この被害がコロナ禍差別で生じている。

　コロナ禍差別の内容も多岐にわたっている。誹謗中傷、自粛や「謝罪」の強要のほか、感染者を特定しようとする動きも出ている。

　福岡市に住む38歳の自営業の男性は、新型コロナウイルスが陰性となって退院した後、病院や美容室の利用を拒否されたという(NHK「特設サイト 新型コロナウイルス」などを参照)。

医療従事者の子弟が保育園への登園を拒否されたという事例も報道されている。

新型コロナウイルス感染者が確認されたというだけで、その地域の人を避けたり、感染を疑ったりするような言動も差別に当たるが、各地で見られる。なかには「死ね」といったビラが貼られたという事例もある。

首都圏に住む男子高校生、Ｓさん（仮名）のツイッターアカウントには、「くたばれ」「死ね」などといった罵倒（ばとう）の言葉が日々投げつけられているという。何も悪いことはしておらず、学校でいじめを受けているわけでもない。理由はただ一つ、新型コロナウイルスに感染したことだとされる（「AERA dot.」2020年9月8日などを参照）。ネットによる差別情報の拡散もみられる。こうなると、「ネット私刑」といってもよい。差別には誤情報に基づくものも少なくない。

人権侵害の防波堤となるべき公的機関が逆に差別や偏見を助長してしまうケースも出ている。

愛媛県新居浜市では、東京や大阪を行き来する長距離トラック運転手の2家族の子どもたちに対し、市立小学校の校長が市教育委員会と相談のうえで登校しないように求めたという（「東京新聞」2020年4月9日）。

また、岩手県花巻市では、東京から引っ越してきた70代の男性が市に転入届を提出したところ、「2週間後に来てほしい」とその場での受け取りを拒否されたという（斎藤雅俊『自己責任という暴力――コロナ禍にみる日本という国の怖さ』未來社、2020年、11頁などを参照）。

国民、市民の間に醸成された差別を国・自治体が除去しようとするのではなく、逆に、「国民・市民の声」だとして、それを口実に、国・自治体も差別を放置し、差別する側に回る。このような構図がここでもみられる。

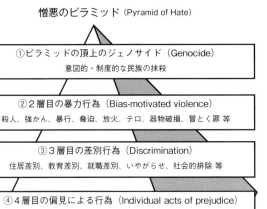

憎悪のピラミッド（Pyramid of Hate）

①ピラミッドの頂上のジェノサイド（Genocide）
意図的・制度的な民族の抹殺

②2層目の暴力行為（Bias-motivated violence）
殺人、強かん、暴行、脅迫、放火、テロ、器物破損、冒とく罪 等

③3層目の差別行為（Discrimination）
住居差別、教育差別、就職差別、いやがらせ、社会的排除 等

④4層目の偏見による行為（Individual acts of prejudice）
スケープゴート、非人間化、嘲笑、社会的回避、意図的な差別表現 等

⑤5層目の先入観による行為（Bias）
冗談、嘘、ステレオタイプ化、敵意の表明、
配慮を欠いたコメント、排除する言語 等

憎悪のピラミッド

　国際社会は、日本政府に対し、誤ったハンセン病強制隔離政策の変更を強く求めたが、日本政府は、ハンセン病強制隔離政策を「今直ちに変更することに国民は納得しない」として、その後も永きにわたって誤った強制隔離政策を続けた。コロナ禍差別の場合は、国が醸成した差別とはいえないが、「国民が納得しない」として、国・自治体も差別の側に回るという現象が起きている。

　ちなみに、アメリカの団体「The Anti-Defamation League」及び「Survivors of the Shoah Visual History Foundation」が作成し、教育用に配布しているものに「憎悪のピラミッド（Pyramid of Hate)」という図（上）がある。先入観や偏見、差別行為がどのようにしてジェノサイドに行きつくのかを示したもので、ピラミッドは5層からなる。

コロナ禍差別・人権侵害は２層目の暴力行為にまで至っている。注意しなければならないのは、差別・人権侵害はこのピラミッド上のものだけではないということである。

根深いマイノリティ差別

　公益社団法人チャンス・フォー・チルドレンのブログに寄せられた、津久井進弁護士（兵庫県弁護士会）の「大災害が与える子どもへの影響」と題されたエッセー（2019年３月15日）によると、「大災害は、社会の課題をあぶり出す」とされ、次のように分析されている。

　「たとえば阪神・淡路大震災を例にとると、バブル後の経済破綻の進行が加速して地域全体に貧困をもたらすという負の連鎖の弊害が顕著だった。東日本大震災では、広域かつ大規模な複合災害によって、地方都市の過疎高齢化や経済格差の加速化がクローズアップされた。

　こうした社会課題は、災害によって発生したのではなく、平時から存在していた『時代の潮流』（トレンド）である。大災害はその課題を一気に前倒しして明るみに出し、かつ、濃縮した形でくっきりと現出させるという点に特徴がある。もともと表れていた弱点はより一層深まり、隠れていた弱点を露出させ、新たな弱点を創出する。まるで、人間が大病に罹患したときに、もともとあった疾患が増悪し、潜在していた症状が表に出てくるのと似ている。大災害における不変の法則と考えられる」

　コロナ禍によって一層悪化した差別・人権侵害もコロナ禍のなかに含めて理解することが必要であろう。それは、アフター・コロナの社会をどう構築するかに密接にかかわるからである。

　新型コロナウイルス感染症の問題が発生する以前においても、日本では、マイノリティ（少数者）差別は深刻であった。当事者がそ

の深刻さを訴え、再発防止や名誉回復、被害救済等を訴えても、「マジョリティ」の受け入れるところにはなっていなかった。深刻さに気づくことも少なかった。そういうなかで、コロナ禍が現出した。深刻なマイノリティ（少数者）差別はますますひどいものとなっている。

　熊本地震（2016年4月14日）の際、障害者が避難所に避難しようとしたところ、避難所には、専用トイレや車いすに乗ったまま寝る場所などをはじめ、「受け皿」がまったくなかったという事態が発生した。「障害者差別解消法」が施行されていたにもかかわらず、為政者には、それが必要だという発想さえもなかった。避難所に避難するのをあきらめて、いつ倒壊してもおかしくない自宅で不安な日々を送らねばならなかった。

　こう当事者から嘆息されている。

　これに似たような状況がコロナ禍で、多くのマイノリティ当事者に起こっている。

　視覚障害者を支援するNPO法人「視覚障がい者支援協会・ひかりの森」の理事長によると、当事者は糖尿病などの合併症や緑内障など目の病気の進行により、中途で視覚障害を負ったケースがほとんどで、生活訓練や通院は欠かせないが、感染防止のために同行支援者と2メートル離れて歩くというのは不可能なことで、同行支援をヘルパー事業所に断られ、窮地に立たされている人もいるとされる。

　飛沫感染から人々を守るマスクが、聴覚障害者たちにとっては障壁になっている。「全日本ろうあ連盟」の事務局によると、「マスクをつけるとコミュニケーションの一つである口話（口の形）を見ることができず困ります。透明マスクの増産や開発に協力していただける企業などが出てきてくれるとありがたいです」と訴えられている。口元の見える透明マスクは最近、発売されるようになった。

新型コロナウイルスによる生活への影響は、全国400万世帯にのぼるひとり親家庭により強く及んでいる。彼女／彼らは深刻な苦難に直面している。

　新型コロナウイルスの感染拡大で、母子家庭の18.2％が食事回数を減らし、14.8％が１回の食事量を減らしていることが、NPO法人「しんぐるまざあず・ふぉーらむ」の調査で分かったとされる。

　勤務先の休廃業や労働時間の短縮で、元から少なかった収入がさらに減少。学校給食の停止による食費増などで、食費を切りつめても困窮状態にあることが浮き彫りになったという。ひとり親支援に取り組む同法人の赤石千衣子理事長は「ぎりぎりの生活だったところに新型コロナが追い打ちをかけた。格差を固定化しないためにも、日ごろからの政府支援が必要だ」と訴える（「西日本新聞」2020年９月22日）。

　社会的弱者の生活を何とか下支えしてきたソーシャル・ネットワークも自粛生活で大きなダメージを受けている。差別や人権侵害を受けた被害者のための相談窓口も、日本ではただでさえ脆弱（ぜいじゃく）だが、相談要員が自粛を余儀なくされているなどのため、機能を質、量の面で大幅に低下させている。社会的弱者は下支えのない無防備の状態に追いやられている。

　従前と異なり、今度は、マジョリティの人たちも、このような状態が発生していることに気づいているのであろうか。気づかなければ、アフター・コロナの社会になっても、マイノリティ差別は続くことになろう。しかし、そのことは、社会が発展の方向にではなく、衰退の方向に向かうことを意味する。排除ではなく、包摂こそが社会を発展させる大きな力となるからである。

なぜ差別するか、誰を差別するか

風評被害

差別の対象も、感染の広がりに対応して拡大している。当初の「中国や外国にルーツのある人」から「感染者及びその家族」を経て、「感染を疑われる人及びその家族」へ、そして、さらには「感染を疑われる人が所属する職場や学校、地域の関係者全員」から「コロナ禍の医療や人々の生活を支えるエッセンシャル・ワーカー」にまで及んでいる。

こうなると、国民、市民すべてが差別の対象者になっているといってよい。

被害者が一部の人に限られた、これまでのマイノリティ差別と大きく異なる点である。国、自治体、医療界、マスメディアその他、各界が差別防止に全力をあげて取り組んでいる大きな理由の一つである。

命と暮らしに対する不安が、人々を結束と協力の反対の分裂と差別の行動に駆り立てている。「コロナ以前から非正規雇用者などの社会的弱者を雇用の調整弁にして回ってきた社会は、すでに十分に不穏であり、それが市井の暮らしのなかに『自粛警察』のような攻撃性を生んでいる」（高村薫「西日本新聞」2020年6月14日朝刊7面）という指摘もみられる。

いじめ研究の第一人者で、学校でのいじめについても多くの調査報告を行った仁平義明・東北大学名誉教授（星槎大学教授）は、福島第一原発事故に関する風評被害やいじめについての調査等に基づいて、風評被害のメカニズム等について、概要、次のように分析している（「コロナ禍で差別やいじめが起きるメカニズム—仁平義明・星槎大学教授に聞く」時事メディカル等を参照）。

「今回の新型コロナに関連する差別やいじめについては、原発事

故のときと共通するものがある。3・11の原発事故でも、今回の新型コロナウイルス感染症でも、風評被害が起こりやすい条件がそろっている。条件は3つある。一つは、放射性物質、放射能、ウイルスのように目に見えない、対処しにくい恐怖・不安の対象があること。もう一つは、国や行政機関が危険の可能性を広く知らせているが、その安全の基準が不変ではなくて、途中で揺らいでしまっているために何を信頼してよいか、分からなくなる事態が生じていること。三つ目が、自分だけでなく、家族全員に危険が及ぶ可能性があり、守ろうとするものがあるということである。『風評被害』には2通りある。一つは、『風評』の文字の通り、根拠のないうわさ、事実と違ううわさが流れることで起こる被害、特に経済的な被害。もう一つが実は風評被害の本質であるが、恐怖・不安の対象がそのもの以外の関連するものにどんどん広がっていくことで被害が起こるということである。これは、恐怖・不安の対象が広がっていく、一般化するという意味で『般化』と呼ばれる現象で、例えば、原発事故の風評被害では、実際に基準値を超えていた海産物に対する恐怖・不安が、同じ食品である、安全なはずの基準値内の農作物に広がって、避けて購買しなくなる行動が起こった。この『般化』は、農産物から少し距離のある、食べ物ではないお花などにも起こった」

「風評被害の本質は、根拠のないうわさという、全く誤ったものではなく、危険なものはそれと関連するものも含めて避けた方が安全だという、人間のごく自然な安全弁のような反応である。そのために、原発事故の風評被害の調査をしてみると、『風評被害』としての購買の回避行動は、守るべき子どもを持つお母さんほど、強く表れる結果になっていた」

教授の言う「般化」と呼ばれる現象はコロナ禍でも起きている。「人間のごく自然な安全弁のような反応だ」ということもコロナ禍

差別・人権侵害に妥当する。しかし、だからといって、それが正当化されるわけではない。「人間のごく自然な安全弁のような反応だ」とされる行為が、逆に、私たちの安全を脅かしている。このような大きな矛盾が生じていることに注意しなければならない。

差別を正当化する加害者

加害者意識のない差別

　問題は、差別加害者が自己の逸脱行動を正当化し、差別をしているわけではない、むしろ今、社会が必要としている正しい行動をしているのだ、と信じ込んでいる点である。加害者意識のない差別だという点である。

　自己正当化の理由はさまざまであるが、主なものの一つは、1990年代以来、日本社会を侵食してきた新自由主義の影響を受け、より強まった「自己決定・自己責任」論の影響である。

　新型コロナウイルスの流行をめぐり、「感染は本人のせい」ととらえる傾向が、欧米に比べ日本は突出して高いことが、大阪大学などの調査で分かったとされる。

　調査は慶応大学、大阪大学、広島修道大学などの心理学者が2020年３月下旬に日本、米国、英国、伊でウェブ調査という形で実施した。

　質問項目は、①感染した人がいたとしたら本人のせいだと思うか、②感染する人は自業自得だと思うか、の二つで、各国で約400人から回答を得た。

　質問①について、（感染は本人のせいと）「思う」と答えた者は米で4.8％、英で3.5％だったが、日本は15.3％で本人に原因を求める傾向が強く、伊も同様だった。

　また、質問②については、米は72.5％、英は78.6％が（感染は自業自得だと）「まったく思わない」と強く否定したが、日本では29.3％

にとどまり、「思う」は他国が1〜2％台だったのに対し、日本は11.5％と際立って高かったとされる（『神戸新聞NEXT』2020年5月17日などを参照）。

　感染も「自己責任」ということになると、新型コロナ感染者を責めたり、謝罪を求めたりすることも当然、社会的相当性を有する行為ということになる。ハンセン病差別の場合も、コロナ禍差別の場合も、個々人の判断で差別するかしないかが決定されているのではなく、差別についての「社会意識」が形成され、それが「同調圧力」になって、人々を差別に向かわせている。差別を解消するためには、この「集団意識」を解消することが必要となる。

日本的な「自己責任論」

　マスメディアでは、「Go Toトラベルで旅行しても、しっかりと対策をとっていれば感染しない、大丈夫」といった類のコメントがニュースキャスターからしばしば語られた。しかし、「しっかりと対策をとっていれば」というのは、一体どのような意味だろうか。

　政府の「新型コロナウイルス感染症対策分科会」によると、2021年8月19日時点における新型コロナウイルス感染者（正確には陽性者）のうち、感染経路が不明な人の割合は、千葉県74％、神奈川県68％、大阪府65％、東京都62％、京都府61％、福岡県61％、兵庫県59％、沖縄県59％、宮城県58％、群馬県53％、埼玉県53％、愛知県53％、岐阜県52％、山梨県50％、富山県49％、岡山県48％、熊本県48％となっている。

　これでは、少なくとも陽性者の半分以上、もしくは3分の1以上の者が、「しっかり対策をとっていた」のに感染したのか、「対策をとっていなかった」から感染したのかは分からないということになる。「しっかりと対策をとっていれば感染しない、大丈夫」というのは「虚偽」報道で、この虚偽報道にミスリードされて、陽性者は

たとえ「無過失責任」であったとしても、「結果責任」を問われ、差別されていることになる。しかし、虚偽報道を行い、差別を助長しているという自己批判はまったくみられない。メディアも、加害意識のない加害者になっている。

　ここでいう「自己責任論」は日本的なものだ、すなわち、強固な同調圧力によって構成される「村社会の掟」を破った者に対して、容赦なく差し向けられる類の自己責任論だといってよい。

　むしろ、それは、日本では、人々から自己決定権を簒奪するための道具として使われている。自己責任を過剰に要求することで、自己決定権の行使を反対に抑制し、下命服従の「村社会」の維持に奉仕させている。

　自己責任論の出自は自己決定権であるにもかかわらず、「他人に迷惑をかけてはならない」という強力な規範が並行して存在するために、他人に迷惑をかけることは自己決定権の範囲を超えており、したがって、その行為（迷惑をかけること）を行った者に対するいかなる批判も攻撃も正当化されるという理屈が生まれる。それらの批判や攻撃は、その行為を選択した者が自己責任の結果として受忍しなければならないとされる。

　「これは本来の自己責任とは異質なものだ。むしろ集団主義に起源が見出せる責任論だ。日本にはびこる自己責任論は、集団責任とコインの裏表の関係にある。効率性や自由、平等、公平の価値を備えた自己責任とは別物だ」（前掲『自己責任という暴力――コロナ禍にみる日本という国の怖さ』121頁）

　ここでは、「〝平等な競争〟すら経ることなく、本来個人の責任を求められるはずのないことにまで、自己責任は及ぶ」と指摘されている。「感染は本人のせい」ととらえる傾向が、欧米に比べ日本は突出して高いというのもそのためではないか。

　誤った医学的理解もこの自己正当化にあずかっている。

ハンセン病の場合、患者を撲滅することによってハンセン病を撲滅するということが、光田健輔をはじめ、専門医によって提唱された。新型コロナウイルスの場合も同様のことがみられる。

　「菌、ウイルス」と「人」とは明確に異なり、区別されなければならない。しかし、ハンセン病と同様、新型コロナウイルスの場合は、国・専門家・マスメディアなどが恐怖を煽_{あお}るために、ウイルス＝感染者という誤った図式がますます拡大している。感染者は原則隔離するという感染症法の基本構造も、この誤った図式の形成に大きく寄与している。「新型コロナウイルスと闘おう」という言い方がよくなされるが、ウイルス＝感染者という図式の下では、感染者も「敵」ということになる。

　かつてハンセン病患者は人間ではないとされ、日本国憲法の埒外に置かれた。新型コロナウイルスの感染者、感染者になる可能性のあると疑われている者も同様の立場に置かれている。そして、それがコロナ禍差別を自己正当化する役割を果たしている。

　ちなみに、前述の仁平教授は、いじめについて、「いじめは、いじめられる子を集団から孤立させて、『一対多』の弱い者にして、いじめをするというのが基本的なやり方である。そのために『非人間化』、つまり人間ではない『物』『異物』『危険物』としての呼称（バイキン、放射能など）を用いて、自分たちの仲間ではない者、時には人間ではない物なのだから、いじめても悪くないのだ、と合理化することがよく行われる。『うつる』といって孤立させるのも、いじめの常とう手段であるが、コロナ禍の場合、これも全く自然に起こってしまう可能性がある。新型コロナウイルス感染症の場合、恐らく『コロナ』と呼んで、非人間化をするのが容易に行われる危険がある」などと分析している（前掲「コロナ禍で差別やいじめが起きるメカニズム」）。

まちがった自己正当化

　誤った医学的知見はこの「非人間化」を正当化している。日本では、感染者が犯罪者のように見なされてしまう。責任があるとは到底思えないのに、感染者やその家族は「世間」への謝罪を強いられる（鴻上尚史・佐藤直樹『同調圧力 日本社会はなぜ息苦しいのか』講談社現代新書、2020年、119頁などを参照）。感染した人を「身勝手な人」という形で「加害者」化することもみられる。

　私は「うつされる人」、あいつは「うつす人」という二項対立的図式も「コロナ禍差別」の拡大を増長させている。

　そもそも、このような加害者、被害者という二項対立は成立しない。感染の予防にとっても、患者の治療にとってもマイナスである。しかし、このマイナスが顧慮されることはなく、自己決定論などと相俟って、人々を感染者等の攻撃に向かわせている。

　自己正当化には、国及び専門家の態度も理由として大きい。「３密を避ける」などといった基準を示すだけで、それも、法的な基準という形ではなく、「自粛」生活の基準という形で示されるだけである。基準を示された国民、市民は、この基準を自分なりに理解して、自己の行動規範に従って自粛生活に臨むしかない。

　自粛を義務づける手段も欠いている。「自粛警察」が生まれる理由である。自粛警察というと目新しい感じがするが、似たような言葉として「自警団」というものがある。

　この自警団が関東大震災の折に朝鮮人虐殺の担い手になったのである。先に示した朝鮮人虐殺における自警団のように、自粛警察の逸脱行動も必然的に生じる。それはハンセン病についてもいえる。かつての無らい県運動と似たような光景が自粛警察によって引き起こされている。

　政府・専門家からすると、新型コロナウイルスについては未解明なことが多く、具体的な行動基準を示すことはできないということ

かもしれない。そうだとすると、そのことも国民、市民に正確に伝え、行き過ぎた自粛要請になるかもしれないという「負」の部分も正しく伝え、他人に自粛を強制する「他粛」は差別、人権侵害になるかもしれないということも伝えるべきである。

　しかし、そのようなメッセージは、国・自治体からだけではなく、各界、マスメディアなどからも、今も発信されていない。「迷惑をかけてはいけない」という語がキーワードとされ、逸脱行動が自己正当化される理由になっている。

　また、同調圧力の下での「同調」による自己正当化である。皆がやっているんだから、自分がやっても問題はない。皆がやっているのに自分だけやらないのはまずい。こういった類の正当化である。

　仕方なくやっているので、やっている意識もほとんどない。かつて国立ハンセン病療養所の入所者の方が熊本県内の温泉ホテルに宿泊しようとしたところ、宿泊を拒否されるという事件が起こった。「わたしは宿泊いただいても問題はないと思っていますが、他のお客様がどう思われるか。不快感を持たれるのではないでしょうか」こう言ってホテルの支配人は宿泊拒否を正当化した。これとよく似ている。

　ちなみに、この同調圧力については、次のように分析されている。

　「同調する対象は、その時の一番強い集団です。多数派や主流派の集団の『空気』に従えという命令が『同調圧力』です。数人の小さなグループや集団のレベルで、職場や学校、PTAや近所の公園での人間関係にも生まれます。日本は『同調圧力』が突出して高い国なのです」「インターネットを配信しているだけのライブハウスに『営業をやめろ』と匿名の文書を貼り付ける自粛警察も、自殺にまで追い込むSNSの誹謗・中傷も、休業補償のない自粛要請のなかで『夜の街』という犯人扱いの結果の倒産も、感染したら自己責任

と責められてしまう重苦しい雰囲気も、すべて『同調圧力』が強大化した結果です。そして、『同調圧力』を生み出す根本のメカニズムが日本特有の『世間』なのです」「『世間』の特徴は『所与性』と呼ばれる『今の状態を続ける』『変化を嫌う』です」「コロナ禍の不況で苦しくなればなるほど、強く『世間』の『所与性』（変わらないこと・現状を肯定すること）を求めたのではないかということです」（前掲『同調圧力　日本社会はなぜ息苦しいのか』5－7頁）

　ネット社会の急激な進展の下で、この同調による自己正当化は人々の心を浸食している。

　ちなみに、2020年5月に総務省が実施し、調査結果が6月に公表された「新型コロナウイルス感染症に関する情報流通調査」（https://www.soumu.go.jp/menu_news/s-news/01kiban18_01000082.html）によると、95％以上の人が平均して1日に1回以上、2割程度の人は1日に10回以上、新型コロナウイルス感染症に関する情報やニュースを見聞しており、新型コロナウイルス感染症に関する間違った情報や誤解を招く情報について、一つでも見たり聞いたりしたと答えた人の割合は72％にのぼった。

　新型コロナウイルス感染症に関する間違った情報や誤解を招く情報を見聞きした人のうち、「正しい情報である」等と信じて共有・拡散したことがある人は35.5％で、若い年代ほど共有・拡散経験が高いという傾向がみられるとされる。

　もっとも、共有・拡散の方法については、「家族や友人、同僚などとの会話・電話・メール」29.2％、「家族や友人、同僚などとのメッセージアプリ（LINEなど）」11.8％が多く、「SNSでの拡散」、「SNSへの投稿」の割合は2.6％、2.0％と低かったとのことである。情報が国民、市民に与える影響は想像以上のものがある。この情報は同調圧力を激化させる役割も果たし得る。

　明確な理由がない差別だけに、エスカレートの危険性は強い。現

にエスカレートしている。その防止もより困難となっている。

新型コロナウイルス感染症対策において参考すべき法と基本理念

災害対策基本法

　新型コロナウイルスは人類にとって未知のウイルスといわれる。それゆえ政府の対応も「場当たり的」になりがちである（一般財団法人アジア・パシフィック・イニシアティブ『新型コロナ対応・民間臨時調査会　調査・検証報告書』2020年）。だが、既存の法や蓄積されてきた議論のなかに、対策のヒントがあるのではないだろうか。ここでは、新型コロナウイルス禍を「災害」ととらえ、災害に関係する法律をみていく。

　1961（昭和36）年に制定され、2018（平成30）年に大幅改正された災害対策基本法の第2条は、災害を次のように定義している。「災害とは、暴風、豪雨、豪雪、洪水、高潮、地震、津波、噴火その他の異常な自然現象又は大規模な火事若しくは爆発その他その及ぼす被害の程度においてこれらに類する政令で定める原因により生ずる被害をいう」。災害対策基本法施行令によると、「これらに類する政令で定める原因」としては、「放射性物質の大量の放出、多数の者の遭難を伴う船舶の沈没その他の大規模な事故」が定められている（第1条）。災害対策基本法上の災害には自然災害以外の原因による災害も含まれる。

　災害対策や災害対応に関するさまざまな法令においても、災害の定義規定が置かれている。これらの定義に共通するのは、地震をはじめとする異常な自然現象や大規模な火事、原子力緊急事態などさまざまな原因によって生じる「被害」を災害と定義していることである。それゆえ、A原因によって生じる「被害」をもって災害と定義する場合、あるいはA原因及びB原因によって生じる「被害」を

もって災害と定義する場合もあり得るということになる。「公共土木施設災害復旧事業費国庫負担法」は「自然災害」のみを対象としているが、「公立学校施設災害復旧費国庫負担法」は火災などの「人為的災害」も対象にしている。

　被害原因については、拡大の傾向にある。内閣府防災担当によると、災害に係る被害原因のうち、外的なものとして、①地震、大雨、台風、火山噴火等自然災害、②テロ、武力攻撃、③サイバー攻撃、④O-157、BSE、鳥インフルエンザ等の感染症があげられている（内閣府〔防災担当〕「平成18年度 防災に関する標準テキスト」）。

　1999年に設立された国連防災機関も、災害の原因となる現象や状況をハザードと言うとし、ハザードをもって、「人命や財産、活動にマイナスの影響を及ぼし、災害の原因となるような稀で非常な自然現象や人為的な状況」を言うと定義している。

　そして、このハザードには、地震や暴風雨といった自然現象以外にも、大規模な火事や工場などでの爆発、列車事故や飛行機事故なども含まれ、世界各地で発生している戦争や紛争、あるいはテロ行為などもハザードの一種で、さらには、アフリカやアジア地域で特に問題となっているHIV/AIDSの流行、SARSや鳥インフルエンザなど世界的な大流行をもたらす感染症などもハザードとされる。

　これによると、新型コロナウイルス禍は災害、それも国際的な規模での災害ということになる。「大都市災害」と評する識者もみられる（篠田純男「都市災害としてのCOVID-19（新型コロナウイルス感染症）とその他のパンデミック」『日本防菌防黴学会誌』48巻9号、2020年、456頁）。

　災害対策基本法はその第2条の2において災害対策を行うにあたっての基本理念を定めている。

　①被害の最小化及びその迅速な回復を図ること、②地域における多様な主体が自発的に行う防災活動を促進すること、③措置を一体

的に講ずること、④科学的知見及び過去の災害から得られた教訓を踏まえて絶えず改善を図ること、⑤人の生命及び身体を最も優先して保護すること、⑥被災者の事情を踏まえ、その時期に応じて適切に被災者を援護すること、⑦速やかに施設の復旧及び被災者の援護を図り、災害からの復興を図ること、がそれである。

　発災後の応急期における応急救助に対応する主要な法律として1947（昭和22）年に制定され、2011年の東日本大震災、2016年の熊本地震を教訓に法改正が行われた「災害救助法」の基本理念も、①平等の原則、②必要即応の原則、③現物給付の原則、④現在地救助の原則、⑤職権救助の原則、にあるとされる（内閣府政策統括官〔防災担当〕「災害救助法の概要（令和２年度）」６頁などを参照）。

　2016年４月に内閣府（防災担当）がまとめた「避難所運営ガイドライン」は、そのなかで、「スフィアプロジェクト」に触れ、「この国際的なプロジェクトでは『人道憲章の枠組みに基づき、生命を守るための主要な分野における最低限満たされるべき基準』を『スフィア・ハンドブック』にまとめています。今後の我が国の『避難所の質の向上』を考えるとき、参考にすべき国際基準となります」と解説している。

　同ハンドブックでは、「難民や被災者に対する人道援助の最低基準」における中核をなす信念として、①災害や紛争の被災者には尊厳ある生活を営む権利があり、従って、援助を受ける権利がある、②災害や紛争による苦痛を軽減するために実行可能なあらゆる手段が尽くされるべきである、が掲げられている。

　新型コロナウイルス対策を行うに当たっても、このような基本理念などが妥当ないし参考にされることになる。

感染症における患者等の権利に係る主な法令

感染症法

　新型コロナウイルス対策に係る主な法令としては、1951年に制定の「検疫法」（2014〔平成26〕年に改正）、1998（平成10）年に制定の感染症法（感染症の予防及び感染症の患者に対する医療に関する法律、2019年に改正）、2012（平成24）年に制定の新型インフルエンザ等対策特別措置法（2020年に改正）が存する。

　このうち、医療対策等は感染症法が担うこととされている。繰り返しになるが、感染症法の前文のなかでは、次のように謳われている。

　「我が国においては、過去にハンセン病、後天性免疫不全症候群等の感染症の患者等に対するいわれのない差別や偏見が存在したという事実を重く受け止め、これを教訓として今後に生かすことが必要である。

　このような感染症をめぐる状況の変化や感染症の患者等が置かれてきた状況を踏まえ、感染症の患者等の人権を尊重しつつ、これらの者に対する良質かつ適切な医療の提供を確保し、感染症に迅速かつ適確に対応することが求められている」

　同法の基本理念を定める第2条でも、「感染症の患者等が置かれている状況を深く認識し、これらの者の人権を尊重しつつ、総合的かつ計画的に推進されることを基本理念とする」などと定められている。第3条でも「国及び地方公共団体は、感染症の患者等の人権を尊重しなければならない」などとされ、第4条でも、「国民は、感染症に関する正しい知識を持ち、その予防に必要な注意を払うよう努めるとともに、感染症の患者等の人権が損なわれることがないようにしなければならない」とされている。

社会対策法

これに対し、社会対策等は特措法が担うこととされている。同特措法の第1条によると、同法は、「新型インフルエンザ等の発生時において国民の生命及び健康を保護し、並びに国民生活及び国民経済に及ぼす影響が最小となるようにすることを目的とする」などとされる。そこから、同法は、2004（平成16）年に制定の「武力攻撃事態等における国民の保護のための措置に関する法律」、すなわち、「国民保護法」をモデルに、①国、地方公共団体、指定公共機関、事業者及び国民の責務、②政府及び地方公共団体による行動計画の作成、③新型インフルエンザ等の発生時における措置、④新型インフルエンザ等緊急事態の宣言、⑤蔓延の防止に関する措置、⑥医療等の提供体制の確保に関する措置、⑦緊急事態における国民生活の安定に関する措置等、⑧財政上の措置等、について定めている。

基本的人権の尊重についても第5条を当てているが、その内容は、「国民の自由と権利に制限が加えられるときであっても、その制限は当該新型インフルエンザ等対策を実施するため必要最小限のものでなければならない」というもので、感染症法のそれとかなり趣を異にする。

法ないし判例を超えた感染者情報の公表

個人情報の取り扱い

現在のコロナ下の差別事象とその対応を、法的側面から見ていくとどうであろうか。

たとえば、自治体や民間事業者等による法ないし判例を超えた「感染者情報」の発表も、人々を「犯人捜し」に走らせ、コロナ禍差別・人権侵害の拡大にあずかっている。法律は、この点についてどのようになっているのであろうか。

この点については、2003年に制定の「個人情報保護法」（平成15

年５月23日法律第57号、2020年３月に一部改正）と「行政機関の保有する個人情報の保護に関する法律」（平成15年５月30日法律第58号）が主な関係法ということになる。

このうち、個人情報取扱事業者（国の機関、地方公共団体、独立行政法人等を除く）を対象とする個人情報保護法においては、個人情報取扱事業者は、保有する個人データについて、原則として、本人に通知等している利用目的とは異なる目的で利用すること、又は、本人の同意なく第三者に提供することが禁じられている。しかし、例外として、本人の同意を得ることなく、目的外利用や第三者への提供が許される場合が規定されており、新型コロナウイルス感染症の感染者等の情報もこの例外規定により公表されている。

国からのガイドライン

感染者情報等の公表にかかわる例外規定は、第16条第３項第２号及び第23条第１項第２号などで、「人の生命、身体又は財産の保護のために必要がある場合であって、本人の同意を得ることが困難であるとき」がその要件とされている。

国や自治体を対象とする「行政機関の保有する個人情報の保護に関する法律」でも、同種の規定が置かれている。第14条第１項第２号ロの規定がそれで、「人の生命、健康、生活又は財産を保護するため、開示することが必要であると認められる情報」については、開示禁止の例外とされている。それは、1999（平成11）年に制定の「行政機関の保有する情報の公開に関する法律」でも同様で、その第５条により、「人の生命、健康、生活又は財産を保護するため、公にすることが必要であると認められる情報」については、開示制限の例外とされている。

もっとも、「人の生命、身体又は財産の保護のために必要がある場合であって」とか、「人の生命、健康、生活又は財産を保護する

ため、公にすることが必要である」とかいった要件は抽象的で、多義的なため、国からガイドラインが示されている。厚生労働省健康局結核感染症課から各都道府県・保健所設置市・特別区衛生主管部（局）に宛てた2020年2月27日付の「一類感染症が国内で発生した場合における情報の公表に係る基本方針」等がそれである。

　同基本方針によると、個人情報が特定されないように配慮することとされ、一類感染症の「感染者情報」のうち、「氏名」「国籍」「基礎疾患」「職業」「居住している市区町村」は公表しない情報とするが、「居住国」「年代」「性別」「居住している都道府県」「発症日時」は公表する情報とし、「感染源との接触歴に関わる情報」（感染推定地域、滞在日数、感染源と思われる接触の有無）のほか、「感染者が他者に当該感染症を感染させる可能性がある時期の行動歴等」（感染者に接触した可能性のある者を把握できていない場合は、飛行機〔便名・座席位置〕、船舶〔船名、部屋〕、電車〔駅、路線、時刻〕、バス〔駅、路線、時刻〕、その他不特定多数と接する場所〔例：スーパー名〕など）も公表するとされている。

　同基本方針では、「公表に当たっては、公表による社会的な影響についても十分に配慮し、誤った情報が広まることのないように丁寧な説明に努めることとする」とされており、公表してもよいとされる情報は「感染症のまん延防止のために必要」で、かつ「個人特定に結びつかない」範囲のもの、と考えられていると推察される。

　この基本方針は新型コロナウイルス感染症についても援用されており、スーパー名なども、この基本方針に従って公表されている。しかし、「感染症のまん延防止のために必要」とされる科学的な根拠については説明されるところはない。科学的な根拠はあるのだろうか。

　同様の疑問は、民間企業における従業員等についての「感染者情報」の公表についても生じる。

2018年に制定の「労働契約法」（平成30年7月6日法律第71号）第5条は、「使用者は、労働契約に伴い、労働者がその生命、身体等の安全を確保しつつ労働することができるよう、必要な配慮をするものとする」とし、使用者に対し「従業員が安全で健康に働けるように配慮する」安全配慮義務を課している。

　「感染症予防」もこの安全配慮義務の内容をなすとされており、下請従業員や派遣労働者等も当然、安全配慮義務の対象になるとされている。

　客に対しても安全配慮義務が及ぶことになる。民間企業における従業員等の感染者情報の公表もこの安全配慮義務に基づいてなされている。

　しかし、判例は、この公表に当たっては「個人特定」に至らないように最大限の配慮をすることを公表者に求めている（東京地判、1995〔平成7〕年4月、判例タイムズ876号、122頁などを参照）。

　それでは、民間企業等における新型コロナウイルス感染症に係る従業員の感染者情報の公表は、この「最大限の配慮」義務を満たしているのであろうか。満たしていない場合も少なくないのではないか。

　たとえば、従業員に感染者が発生したが、濃厚接触者は外部にいなかった場合でも、感染者情報が公表されている場合がみられる。ここにいう「濃厚接触者」とは、「患者（確定例）」の感染可能期間に接触した者のうち、次の範囲に該当する者をいうとされる。

①患者（確定例）と同居あるいは長時間の接触（車内、航空機内等を含む）があった者

②適切な感染防護なしに患者（確定例）を診察、看護若しくは介護していた者

③患者（確定例）の気道分泌液もしくは体液等の汚染物質に直接触れた可能性が高い者

④手で触れることの出来る距離（目安として 1 メートル）で、必要な感染予防策なしで、「患者（確定例）」と 15 分以上の接触があった者（周辺の環境や接触の状況等個々の状況から患者の感染性を総合的に判断する）。

ここにいう濃厚接触者の存在が皆無という状況でも、外部に対して公表する必要があるのであろうか。科学的にみて「感染防止」という観点からは理由に乏しいといえる。

もっとも、これに対しては、企業コンプライアンスから公表が必要になる場合があるという理由づけも考えられないわけではない。しかし、公表＝企業コンプライアンスであろうか。むしろ、反対に、従業員のプライバシーを守ることこそが企業コンプライアンスではないか。

法改正、トップダウン方式の問題処理は必要か

「法の支配」の放棄

コロナ禍のような緊急事態の場合、「法の支配」を緩和して、政府に超法規的な権限を与え、政府が超法規的に問題処理を図ることが、事案の適切な解決につながるのであろうか。そのように説く見解は少なくない。

政府の新型コロナウイルス感染症対策分科会で委員を務める小林慶一郎・東京財団政策研究所研究主幹は、「西日本新聞」の取材記事のなかで、安倍政権の対応は「依然として、平時の枠組みで物事を考えようとする傾向があり、解決すべき課題が少なくない」「感染予防と経済の両立にいま不可欠なのは、平時ではなく有事の発想に他ならない」（2020年 9 月 6 日）と説いている。

ここにいう「有事の発想」の意味は明らかでないが、仮に権限をトップに集中し、このトップの英断によるトップダウン方式で迅速な問題処理を図ることを意味するとすれば、どうであろうか。

確かに、それによって迅速に問題が処理されるかもしれない。これまで無理であった処理も可能になるかもしれない。

　しかし、それには大きな問題がある。その一つは、権力濫用の危険性という点である。

　かつてドイツは、1933（昭和8）年3月に、当時としてはもっとも民主的だといわれたヴァイマル憲法の下で、アドルフ・ヒトラー首相が率いる政府に、ヴァイマル憲法に拘束されない無制限の立法権を付与する「全権委任法」（正式名称は「民族および国家の危難を除去するための法律」、または「国民および国家の苦境除去のための法」）を制定し、ナチ党による一党独裁体制に道を開くことになったからである。

　緊急事態は、それを口実にして「法の支配」が放棄される危険性が強い。2020年3月16日、ミハイル・フォルスト（人権擁護の状況に関する特別報告者）を含む25名の国連の人権専門家らが、新型コロナウイルスの流行への対応で各国が安全保障のための手段を濫用しないように呼びかけ、緊急事態における権力行使が反対意見を押さえるために使われるべきではないことを改めて強調しているのも、このような過去を踏まえてのことである。

「基本的人権の尊重」の棚上げ

　政府は、2021年1月22日、新型コロナウイルス対策を強化するための新型インフルエンザ対策特別措置法と感染症法、検疫法の改正案を閣議決定し、国会に上程した。

　このうち、特措法改正案は、緊急事態宣言を発令した後、都道府県知事が飲食店などの事業者に時短や休業を要請しても従わない場合、これまでの「指示」に代えて「命令」を出せるようにする。命令に従わない場合は50万円以下の過料を科す。宣言を出す前の段階でも感染拡大の恐れがある場合は、「まん延防止等重点措置」とい

う新たな対策を講じる。宣言下と同様に、知事が時短や休業を命令できるようにし、違反者には30万円以下の過料を科す。過料は金銭的な制裁を加える行政罰の一つで前科はつかない。その一方、時短や休業に協力した事業者への支援策を特措法に明記する。国や地方自治体は「必要な財政上の措置を効果的に講ずる」と定める。政府が飲食店などを対象に実施している1日当たり最大6万円の協力金のような支援策に法的な根拠を持たせる。

　また、同時に決められた感染症法改正案は、入院や保健所の調査を拒否した人への罰則を新設する。入院を拒否したり、入院先から逃げ出したりした人には、1年以下の懲役または100万円以下の罰金とする。保健所が感染経路を確認するための調査で回答拒否や虚偽の申告をした場合も、50万円以下の罰金を設ける。病床を確保するための規定も盛り込む。厚生労働大臣や知事は医療関係者などに感染者の受け入れを「勧告」できる。感染者の受け入れを、これまでの規定にある協力の「要請」を求めたうえで、正当な理由なくこの要請に応じなかったときに勧告できるよう権限を強める。従わない場合は公表できる。

　このような内容であった。しかし、この改正には各界から強い批判が寄せられた。日本弁護士連合会も、2021年1月21日付で、「感染症法・特措法の改正法案に反対する会長声明」を公表した。

　「今回の改正案は、感染拡大の予防のために都道府県知事に広範な権限を与えたうえ、本来保護の対象となるべき感染者や事業者に対し、罰則の威嚇をもってその権利を制約し、義務を課すにもかかわらず、その前提となる基本的人権の擁護や適正手続の保障に欠け、良質で適切な医療の提供及び十分な補償がなされるとは言えない。さらに、感染の拡大防止や収束という目的に対して十分な有効性が認められるかさえ疑問である。当連合会としては（略）抜本的な見直しがなされない限り、強く反対する」

このような批判を受けて、国会審議で一部修正が行われた。入院を拒否した感染者に対する懲役刑を含む刑事罰は削除され、前科のつかない行政罰の「50万円以下の過料」に改められることになった。また、営業時間の短縮などの命令に応じない事業者に対する過料は、緊急事態宣言が出されている場合が30万円以下、出される前のまん延防止等重点措置の場合が20万円以下に、いずれも減額することになった。修正された改正法案は国会に提出され、2021年2月3日に可決成立した。

　しかし、過料だからといって、問題点が解消されたかというと、決してそうではない。その有効性、正当化根拠は依然として不明なままである。特筆されるのは、まん延防止等重点措置の具体的内容がすべて政令に丸投げされていることである。国・自治体の行政裁量に一方的に委ねられている。緊急事態を口実に基本的人権の尊重がさらに棚上げにされる危険性に注意する必要がある。

なぜ、被害者からSOSが来ないのか

声を上げる困難さ

　新型コロナウイルスの感染者やその家族、そして感染者の周囲の人に対する差別や誹謗中傷が全国各地で報告されているなかで、自治体では、専用の相談窓口を設置する動きも見られる。

　たとえば、長崎県は2020年8月26日、新型コロナウイルスに関連した差別や誹謗中傷などの人権侵害に関する専門の相談窓口を開設した。　相談には原則、相談員（長崎県職員のOB2人）が電話で対応する。月〜金曜日の午前9時〜午後5時45分までで、水曜日のみ午後8時まで受け付けるとされる。

　日本弁護士連合会でも、「新型コロナウイルス法律相談事業」として、全国の単位弁護士会と協力して、専用の「新型コロナウイルス法律相談全国統一ダイヤル」を（2020年4月20日―7月22日）開設

し、被害当事者等からの相談に応じる体制を整えた。

　ただ、相談が寄せられた6600件のうち、差別・プライバシー関係は数件にとどまったとされている。

　ここに差別問題の困難さが存する。マイノリティ（少数者）差別の当事者が異口同音に語るのは、被差別被害を声にすることの困難さである。被害を語ることによる「被害のフラッシュバック」などに加えて、声にすると激しい社会的バッシングを受けることになるからだとされる。親族や知人などからバッシングを受ける場合も少なくないとも言われる。まして訴訟を提起するとなると、この社会的なバッシングは一段と強まる。差別について学ぶ機会を持たなかった人々にとって、訴訟提起は理不尽と映るからである。そのために、差別や人権侵害を受けても、相談機関に相談しない人が多い。

　福岡県が2017年３月に調査結果を報告書にまとめて公表した「人権問題に関する県民意識調査」には以下のような結果がみられる。

　「何らかのかたちで人権を侵害された」と回答した者に対して、「人権を侵害されたとき、まず一番にどうしたか」を聞いたところ、人権侵害経験者の27.3％が「家族や親類に相談した」をあげており、「友人や先輩に相談した」が22.1％で続いているが、それ以外は、「弁護士に相談した」が1.1％、「警察に相談した」が1.1％、「市町村など行政に相談した」が0.8％、「人権擁護委員や法務局に相談した」が0.7％、「自治会の役員や民生委員に相談した」が0.3％など、いずれも少数であり、32.2％は「とくに何もしなかった」と答えているほか、7.8％が「相手に直接抗議した」としているとされる。

　相談機関に相談する人権侵害経験者は、弁護士、警察、行政、人権擁護委員・法務局、自治会役員・民生委員などを合わせても４％にとどまっている。

日本の文化には、特にマイナスのことをはっきりさせるのを恐れて避ける傾向があるといった指摘もみられる。

　語れない被害者、相談所に行けない被害者は多い。相談件数は被害の「氷山の一角」でしかない。「相談してもどうせ分かってもらえない」、「救済は無理だ」と最初からあきらめている方もおられる。相談すると、情報が洩れてまた社会的バッシングにさらされるのではないかと恐れている方もおられる。何度もたらい回しにされて、もう相談に行きたくないという方もおられる。表沙汰にすると家族に迷惑をかけるからやめるという人もおられる。相談所で逆にハラスメントにあったという経験を持っている方もおられる。24時間の相談体制をとっている相談窓口はそう多くないという点も、相談窓口へのアクセスを妨げている事情だといえる。被害者から被害を適切に聞きとれるかという問題もある。

出口の整理

　人権相談は、相談にのって終わるのではなく、いかに救済や再発防止につなげられるかが大切といえる。救済や再発防止につながるような人権相談でなければならない。そのためには、相談者の不安の除去と出口の整理も必要となる。相談者はいろいろな不安を持ちながら相談に来られるので、相談者の心理状態に十分配慮しなければならない。また、どうしたいのかという明確な意思を持って相談に来る方ばかりではないので、相談のなかで出口についての自分の気持ちが整理できるようにお手伝いする必要もある。

　出口の問題は、相談に対応するときの大きなポイントで、どういう出口があるのか、どういう出口を望んでおられるのかを意識しながら、相談に応じていかなければならない。救済には、複数の方法があるからである。

　相談者が求めておられるのはどんな方法かを探りながら、必要な

整理、助言を行っていく必要がある。出口について本人の要望を十分に把握したうえで、相談から救済につないでいく必要がある。

人権相談をどこで開設するか、その場所も問題となる。

「待ち」の相談窓口ではなく、アウトリーチ型の相談窓口がとても重要だと指摘されている。

アウトリーチ型の相談窓口にする場合、どういう形が一番よいのかという検討も当然必要となる。

自治体の相談窓口に来た事案が、必要であるのに国の相談機関には回らないとか、その逆の事例もあるので、国と自治体、さらには民間の相談機関との間で、個人情報に十分に配慮しながら連携を図っていくことも検討課題となる。人権相談の方法も重要で、現在では、面談や電話相談といった方法のほか、インターネットなどの活用も欠かせないように思われる。しかし、これらの問題について、法が規定するところはほとんどない。

人権相談窓口の充実を

2016年に制定の「部落差別解消推進法」（部落差別の解消の推進に関する法律、平成28年12月9日法律第109号）や「ヘイトスピーチ解消推進法」（本邦外出身者に対する不当な差別的言動の解消に向けた取組の推進に関する法律、平成28年6月3日法律第68号）でも、国・自治体による相談体制の充実が謳われているが、充実の内容については規定するところはない。

人権相談については、基本計画や基本指針がないなかで、いわば手探りで人権相談が各機関によって実施されているのが現状である。法務省の人権擁護機関が行う人権相談については、担当者用の『人権相談の手引』（法務省人権擁護局内人権実務研究会監修・人権擁護協力会編集、1993年）が作成されているが、これも手探りという現状を変えるものではない。法に基づく基本計画や基本指針の策定が望

まれるところである。

　コロナ禍差別・人権侵害の場合、ひときわ強い同調圧力をバックにした加害だけに、被害当事者はこれまで以上に「語れない被害者」「相談できない被害者」という状態に追いやられている。「迷惑をかけたので、仕方がない」「相談しても救済してもらうのは無理だろう」などとあきらめる人は今まで以上に多いと想像される。

　加えて、差別や人権侵害を受けた被害者のための相談窓口も、日本ではただでさえ脆弱だが、相談要員が自粛を余儀なくされているなどのため、機能を質、量の面で大幅に低下させている。コロナ禍のなかで相談機能をどう充実するか。喫緊の課題となっている。被害の実態調査も不可欠である。それなくしては、法などで差別禁止といっても「絵に描いた餅」に終わりかねないからである。

質の民主主義と科学的知見の重要性

質の民主主義

　コロナ禍差別を防止し、なくしていくために、今、私たちには何が求められているのだろうか、私たちは何をすべきだろうか。ここでは、この点について検討し、提言をすることにしたい。

　コロナ禍差別・人権侵害については、間違った世論には与しない、流されないという「質の民主主義」の重要性、あるいは科学的アプローチの重要さを再認識することが強く求められている。

　第二次世界大戦以前は、法の世界でも「量の民主主義」に基づいて法実証主義が支配的であった。法実証主義とは、実定法以外には法はないとし、国が定める一定の立法手続を経て制定される法は、その内容の如何にかかわらず、正当性をもち、従って、たとえ「悪法」であっても法といえるとする立場である。

　しかし、第二次世界大戦後、ナチスドイツなどが行った蛮行が実定法を逸脱してではなく、実定法に則って行われたという事実が明

らかになるに及んで、法実証主義が見直されることになった。違憲立法審査制度が法制化され、たとえ、国が定める一定の立法手続を経て制定された法であったとしても、憲法が謳う「法の法たる所以の価値」に反する場合は違憲・無効とされることになった。

ドイツ基本法第1条は、「人間の尊厳は不可侵である。これを尊重し、及び保護することは、すべての国家権力の義務である」「ドイツ国民は、それゆえ、侵すことのできない、かつ譲り渡すことのできない人権を、世界のあらゆる人間社会、平和及び正義の基礎として認める」「以下の基本権は、直接に妥当する法として、立法、執行権及び司法を拘束する」と規定し、日本国憲法第98条第1項も、「この憲法は、国の最高法規であって、その条規に反する法律、命令、詔勅及び国務に関するその他の行為の全部又は一部は、その効力を有しない」と規定している。

マイノリティ（少数者）の人権にかかわる分野では、「質の民主主義」による違憲立法審査制度の意義は特筆すべきものがある。

ハンセン病問題も、裁判所による三度の違憲判決により大きく前進した。災害時だからといって質の民主主義が棚上げにされてはならない。むしろ、災害時こそ質の民主主義が重要となる。関東大震災の、東日本大震災の、ハンセン病問題の教訓である。

法律家の役割もこの点にある。コロナ禍で問われている民主主義とは、量の民主主義ではない。それでは再び悪法を生み出すことになりかねない。

科学的知見

同調圧力が反科学主義、非科学主義に結びついた例として、地動説と天動説の争いがある。

「天文学の父」と称えられるガリレオ・ガリレイは、地動説を唱えたことで、ローマ教皇庁の異端尋問裁判に付され、有罪とされ、

無期刑が言い渡された。

　すべての役職は判決と同時に剥奪され、著書『天文対話』は禁書目録に載せられた。死後も名誉は回復されず、カトリック教徒として葬ることも許されなかった。地動説が正しいことが証明されても、ガリレオの名誉が回復されることはなかった。

　裁判の見直しがはじまったのは20世紀の後半に入ってからのことであった。1965（昭和40）年にローマ教皇パウロ6世がこの裁判に言及したことを発端に、裁判の見直しがはじまった。

　最終的に、1992（平成4）年、ローマ教皇ヨハネ・パウロ2世は、ガリレオ裁判が誤りであったことを認め、ガリレオに謝罪した。ガリレオの死去から実に350年後のことであった。このような過ちを繰り返してはならない。科学・科学者には同調圧力を正しく整序することが求められている。

当事者の声を踏まえた問題解決

当事者主権

　もう一つの問題は、被災当事者が真に望むのはトップダウンによる迅速な問題解決かという点である。というのも、東日本大震災の被災者は、政府による上からの復興に対し「人間なき復興」として強く違和感を示しているからである。

　ハンセン病強制隔離政策の被害当事者が強く訴えたのも「私たちを保護の客体にするな。私たちも人間として、権利の主体として認めろ」ということで、2008（平成20）年に成立の「ハンセン病問題の解決の促進に関する法律」（ハンセン病問題基本法、平成20年6月11日法律第82号）の第6条が「国は、ハンセン病問題に関する施策の策定及び実施に当たっては、ハンセン病の患者であった者等その他の関係者との協議の場を設ける等これらの者の意見を反映させるために必要な措置を講ずるものとする」と規定しているのも、当事者

からの訴えを踏まえてのことである。

　人権を擁護するといっても、当事者の「権利主体性」、「手続き参加」を認めず、パターナリズムなどに基づいて「保護の客体」にとどめることは、実は人権侵害であって、より広範な差別、それも「加害者意識のない差別」を引き起こすというのはハンセン病問題からの教訓である。

　21世紀の人権は「当事者による当事者のための当事者の人権」だとされるのも、そのためである。この当事者主権に先鞭をつけた障がい者の権利においても、「社会モデル」の理解は進んでいない。

　ドイツのメルケル首相は、新型コロナウイルス感染症対策に関する2020年3月18日のテレビ演説のなかで、次のように説いている。

　「国がどのような対策を講じても、急速なウイルス感染拡大に対抗し得るもっとも有効な手段を用いないのであれば、それは徒労に終わってしまいます。もっとも有効な手段とは、私たち自身です。誰もが等しくウイルスに感染する可能性があるように、誰もが助け合わなければなりません。まずは、現在の状況を真剣に受け止めることからはじめるのです。そしてパニックに陥らないこと、しかしまた自分一人がどう行動してもあまり関係ないだろう、などと一瞬たりとも考えないことです。関係のない人などいません。全員が当事者であり、私たち全員の努力が必要なのです」「感染症の拡大は、私たちがいかに脆弱な存在で、他者の配慮ある行動に依存しているかを見せつけています。しかしそれは、結束した対応をとれば、互いを守り、力を与え合うことができるということでもあります」

　メルケル首相の説くように、新型コロナウイルスの災禍に立ち向かうには、私たちの結束、全員の協力が肝要である。この国・自治体・専門家との間の、そして国民・市民の間の結束、協力には信頼が欠かせない。「結束」の確保には、すべての国民、市民を排除することなく、包摂し、その個人の尊厳を保障することが不可欠であ

る。バチェレ国連高等弁務官が、早くも2020年3月6日、「コロナ ウイルス対策には人間の尊厳と権利を最前線かつ中心に据えるべき だ」と述べているのも、このような意味であろう。

コロナ禍であぶり出された脆弱さ

コロナ禍は、その国、社会がそれまで内包してきた歪さ、脆弱さ をさらけ出し、幾重にも増殖させている。それは日本の場合も同様 で、コロナ禍によってさまざまな脆弱さがあぶり出されている。

医療崩壊の危機という語で象徴されるような日本の医療制度の脆 弱さのほか、コロナ禍差別・人権侵害を有効に抑止し得ない人権擁 護体制の脆弱さもその大きな一つである。日本では人権が医療、経 済と並ぶ新型コロナ禍対策の柱とは必ずしも認識されていないこと も、コロナ禍になって突然そうなったわけではなく、従前からの 国、国民、市民の人権意識を引きずってのことである。

コロナ禍差別・人権侵害に対処する場合、この人権擁護体制の脆 弱さ、国及び国民、市民における人権意識の弱さも視野に入れて検 討することが必要となる。差別・人権侵害を防止する人権擁護活動 には、①活動のための根拠法、②独立の人権救済機関、③人権問題 をよく理解し、真摯に人権擁護活動に取り組む人材、④活動に必要 な予算、などが必要となるが、現在の日本はこれらをすべて欠いて いるからである。いわば「無い無い尽くし」の状態にある。これら を放置したままで、当面の応急処置だけにとどまると、アフター・ コロナの時代になっても、何かのきっかけで、再びコロナ禍差別・ 人権侵害に匹敵するような新たな差別・人権侵害が発生することに なる。

東日本大震災の教訓、ハンセン病問題の教訓はまだ十分には生か されていないのである。生かされていたとすれば、コロナ禍差別・ 人権侵害ももう少し変わった形になっていたと思われる。

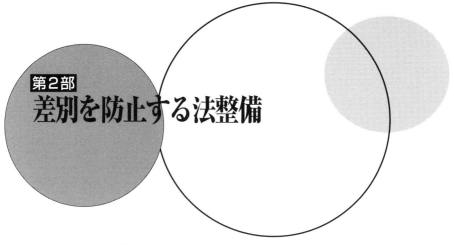

ハンセン病差別とコロナ禍差別

現実を踏まえるために

ハンセン病差別の問題から導き出されるコロナ禍差別を防止し、被害救済を図るために必要な施策とは何であろうか。何よりも重要なことは、「患者の権利法」や「差別禁止法」といった必要な法整備を図ることだといえる。

ただし、その問題に入る前に、ハンセン病差別とコロナ禍差別の共通点とは何か、そして、このコロナ禍差別によるものも含めて、コロナ感染者（患者・陽性者）が被る苦しみ、権利侵害とはどのようなものかをまず見ておくことにしたい。施策も、この現実を踏まえたものでなければならないからである。

ハンセン病差別とコロナ禍差別は共に感染症に起因する差別であり、共通点は少なくない。

共通点①不安

患者やその家族から感染させられるのではないかという不安が、患者やその家族を差別する理由になっているという点がその一つである。一見、「人間のごく自然な安全弁のような反応だ」と評し得ないこともないが、問題はこの生理的な反応が暴走し、差別・偏見を引き起こしているという点である。差別は感染防止に逆行し、む

66

しろ感染拡大に結びつく。

　国の誤った政策、あるいは誤誘導がこの暴走に大きく与<ruby>与<rt>あずか</rt></ruby>っている。ハンセン病の場合は、各地で繰り広げられた官民一体による「無らい県運動」が、国の誤った強制隔離政策を下支えした。この無らい県運動で、ハンセン病差別・偏見が作出・助長されることになった。国の誤ったハンセン病強制隔離政策を違憲と断じた2001年５月11日の熊本地裁判決は、この無らい県運動について、次のように判示している。

　「無らい県運動により、山間へき地の患者までもしらみつぶしに探索しての強制収容が繰り返され、また、これに伴い、患者の自宅等が予防着を着用した保健所職員により徹底的に消毒されるなどしたことが、ハンセン病が強烈な伝染力を持つ恐ろしい病気であるとの恐怖心をあおり、ハンセン病患者が地域社会に脅威をもたらす危険な存在でありことごとく隔離しなければならないという新たな偏見を多くの国民に植え付け、（…）このような無らい県運動等のハンセン病政策によって生み出された差別・偏見は、それ以前にあったものとは明らかに性格を異にするもので、ここに、今日にまで続くハンセン病患者に対する差別・偏見の原点があるといっても過言ではない」（解放出版社編『ハンセン病国賠訴訟判決　熊本地裁〔第一次〜第四次〕』254頁等を参照）

　コロナ禍の場合、「自粛警察」ともたとえられる「自粛」運動が、この無らい県運動の役割を果たしている。自粛運動によってコロナ禍差別が作出・助長されているといってもよい。国・自治体は、ハンセン病問題の教訓を生かして、自粛運動が差別・偏見を作出・助長しかねないということに警鐘を鳴らし、そうならないように注意するように呼び掛けるべきであったが、現在までのところ、「差別しないように注意しましょう」といった類の呼び掛けはなされているものの、自粛運動のなかにこのような危険性が内包されているこ

とについては特段、指摘するところはない。ハンセン病の場合と異なり、国・自治体が直接の加害者といえないとしても、不作為の加害者、ないし傍観者という名の加害者という責は免れ難い。

共通点②人生被害

共通点の第二は、差別によって、憲法の埒外（らちがい）に置かれ、人間扱いされなくなるという点である。当事者によって「人生被害」とたとえられている。ハンセン病差別における、この人生被害について、2001年5月11日の熊本地裁判決（確定）は、まず「退所経験のない原告」のそれを、次のように事実認定している。

「原告9番は、大正11年3月に鹿児島県で生まれ、（…）昭和16年ころから、顔に少しずつ皮膚の異変が現れるようになった。そして、同原告は、昭和25年ころから、役場の職員等から、うつる病気だから特別の病院に入らなければならないと強く入所を迫られるようになった。あくまで入所したくないと考えた同原告は、自宅から離れた山奥の小屋で一人暮らしをすることにしたが、その後も、執拗な入所勧奨が続き、『どうしても行かなきゃ手錠を掛けていくぞ。』、『山狩りをしてでも連れていく。』などと言われ、自殺も試みるまでに追い込まれた末に、昭和28年3月13日（当時31歳）に星塚敬愛園に入所することになった。

同原告は、昭和30年に、入所者同士で結婚したが、夫が結婚時に優生手術を受けたことから、子をもうけることはなかった。（…）昭和54年に夫が死去した。同原告は、夫の兄に葬式に出てくれるよう頼んだが、『家族にも隠してあるから、行けません。』と言って断られ、その後も音信はない。同原告は、現在まで、療養所で暮らし続けている」

「原告34番は、昭和5年2月に宮崎県で生まれ、昭和20年3月に国民学校高等科を卒業後、家業の農業を手伝っていた。同原告は、

昭和24年ころ、皮膚の異変で医師の診察を受けたが、その数日後、保健所に呼び出されて、ハンセン病であることを告げられた。その後、同原告は、頻繁に入所勧奨を受け、隣家から村八分のような扱いを受けるようになったことから、両親と泣き崩れて別れを惜しみながら、昭和26年10月30日（当時21歳）、星塚敬愛園に入所した。（…）同原告は一人娘であったことから、退所して家を継ぐつもりであったが、昭和42年に両親が養子を迎えた後、ハンセン病患者に対する社会的差別をおそれる母から、帰ってくるなと言われるようになった。入所時に別れを惜しんだ両親ですら、帰ることを拒むようになるのは、ハンセン病に対する差別・偏見があるからであり、これにより、入所者が被った精神的苦痛には、並々ならぬものがあるというべきである」

「原告87番は、昭和23年10月に愛媛県で生まれたが、（…）昭和31年ころ、発病し、県の職員から、数回にわたる入所勧奨を受け、（…）抵抗したものの、結局、昭和32年4月16日（当時8歳）、大島青松園に入所した。（…）同原告は、同園内で義務教育を終了後、長島愛生園に転園し、同園内の邑久高等学校新良田教室に進学した。同教室在学中に唯一の頼れる肉親である祖母が死去したが、同原告は、参列に反対する親戚の意向で、葬式に呼ばれなかった」

「同原告は、同教室卒業後、再び大島青松園に戻り、昭和45年8月に入所者同士で結婚したが、与えられた夫婦寮は障子一枚と廊下をはさんで他に2組の夫婦が暮らしており、心が休まるところではなかった。同原告は、昭和47年と平成2年に妊娠したが、子を産み育てることを許さない療養所において、出産するということは選択肢として全く念頭になく、いずれも堕胎手術を受けた。同原告は、退所を全く考えたことがないという。いまだ社会性が育まれていない8歳という幼少の時期に肉親と引き離され、孤島でほとんど外界に接することなく大人になった同原告が、このような心境になるの

は、正に隔離そのものがもたらした結果というべきである」

　「退所経験のある原告」のそれについても、次のように判示している。

　「原告31番は、昭和10年6月、宮崎県で生まれたが、（…）昭和25年11月、学校の教師に連れられて保健所に行き、さらに、星塚敬愛園に診察を受けに行って、同年12月11日（当時15歳）、同園に入所した。（…）同原告は、昭和38年10月に治癒と認められて退所し、実家に戻ったが、入所時に実家が消毒を受け、自分が療養所に入所したことが近隣に知れ渡っていたことから、周囲の差別・偏見を感じながら生活をした。同原告は、新聞配達の仕事をしたが、3か月くらい経ったところで、雇用主から『あの人が配るんであればもう新聞はいらない』という苦情があることを聞かされ、配達区域を変更を余儀なくされた。同原告は、差別・偏見から逃れるために転居を重ね、入所歴をひた隠しにして、現在まで暮らしている」

　「原告42番は、昭和9年10月、沖縄県で生まれたが、（…）昭和34年ころ、小さな自動車修理工場を経営していたが、医師から沖縄愛楽園で検査を受けるように言われ、同年3月28日（当時24歳）、同園で検査を受けたところ、ハンセン病と診察され、帰宅も許されず、妻子を残して、そのまま入所することになり、工場を手放さざるを得なくなった。同原告は、同園に入所したことを妻に隠し、別の病気で入院していると告げていたが、妻にハンセン病のことが分かると、妻から『もう来るな。』と言われて絶縁状態となり、昭和42年に正式に離婚した。

　同原告は、昭和39年8月に同園を退所し、入所歴を隠して自動車整備工として働き、自分の工場を持つまでになり、同園の退所者を数名雇ったりしたが、ハンセン病患者だといううわさが立ち始めたころから急に経営不振となり、工場を手放さざるを得なくなった。同原告は、再婚した妻の兄弟から、ハンセン病のことであからさま

に差別的な言動をされたこともあった。

　同原告は、ハンセン病の症状が顔に現れるようになり、差別を恐れる妻から、遠くの療養所に入ってほしいと言われ、昭和54年12月、星塚敬愛園に入所し、昭和58年5月に軽快退所して沖縄に戻ったが、また、再発し、平成4年11月ころ、多磨全生園に入所し、平成5年6月に宮古南静園に転園して、現在に至っている」

　このような事実認定を踏まえて、原告らの被った「共通損害」について、次のように判示している。

　「原告らは、本件の共通損害を、社会の中で平穏に生活する権利と表現しているが、その中身として、個々に挙げているところは、極めて多岐にわたっている。このうち、財産的損害、特に逸失利益については、慰謝料算定の根拠を著しくあいまいにするものである上、本件において、これに一定の共通性を見いだすことは困難であるから、これを許容することはできず、また、身体的損害（断種、堕胎、治療機会の喪失、患者作業による後遺症の発生等）についても、個々の原告による差異が著しく、これを共通損害として、本件の賠償の対象とすることはできない」

　「原告らが社会の中で平穏に生活する権利の中の主要なものとして取り上げる隔離による被害については、（…）時期を特定すれば、一定の共通性を見いだすことが可能であり、（…）。

　原告らは、入所時期、入所期間、入所の形態、入所時の症状、入所動機等はそれぞれ異なるが、いずれも、隔離の必要性が失われた昭和35年以降に入所していた経験を持つ者であり、その入所期間中に新法15条による自由の制約下に置かれていた点では共通しているのであるから、これを共通損害として見るのが相当である」

　本判決では、すべての原告に国家賠償を認めるために、「共通被害」に焦点を絞って被害を認定し、この「共通損害」について国の賠償責任を認めるという方法が採用されている。そのために、入所

者（「社会から隔離される者」）という立場によって被った精神的被害しか国家賠償の対象とされていない。しかし、もちろん、そのことは、「人生被害」がそれだけだということでは決してない。

　入所時期、入所期間、入所の形態、入所時の症状、入所動機等の違いによって大きく異なるものの、「社会の中で平穏に生活する権利」が侵害されることによって被った原告の人生被害は、財産的損害、身体的損害、精神的損害その他に広く及んでいる。療養所に終生隔離し、社会から完全に排除するというのは、いわば憲法の埒外に置くことだといってよいが、憲法の埒外に置くというのは、日本国憲法の保障する基本的人権が事実上、根こそぎ侵害されるということを意味するからである。差別対象の非人間化といってもよい。未曾有の人権侵害だといえよう。

　コロナ禍差別においても、感染者という立場そのものによって、人生被害ともいうべき深刻な被害が生じている。

共通点③対象の拡大
　共通点の第三は、患者本人のみならず、その家族等も差別の対象とされているという点である。ハンセン病の場合は、2019年6月28日の熊本地裁の、いわゆる家族訴訟判決（確定）で、家族の憲法上の権利について、概要、次のように判示された。

　「被告（国—引用者）は、内務省及び厚生省が実施してきたハンセン病隔離政策等により、ハンセン病患者偏見差別と患者（元患者を含む。以下同じ。）の家族が大多数の国民らによる偏見差別を受ける異種の社会構造を形成し、差別被害を発生させ、また、ハンセン病患者を療養所に隔離したこと等により、家族間の交流を阻み、家族関係の形成の阻害を生じさせた。この差別被害の実情としては、①学校側による就学拒否や村八分によって、人格形成等に必要な最低限度の社会生活を喪失し、②就学拒否等によって、学習の機会や

人格形成の機会を喪失し、③結婚差別によって幸福追求の基盤として重要な婚姻関係等を喪失し、④就労拒否によって自己実現の機会の喪失や経済的損失、⑤差別を避けるために両親が死亡した等の嘘をつくなど、家族という社会生活を送る上での基本事項について重大な秘密を抱えたために、また、さまざまな差別があるために、進路や交友関係等多岐にわたって人生の選択肢が制限されたことによる人格形成や自己実現の機会の喪失、⑥差別を避けるためにハンセン病患者である家族と生活できず家族関係の形成が阻害されるといったものが含まれる。これら差別被害は、個人の人格形成にとって重大であり、個人の尊厳にかかわる人生被害であり、また、かかる差別被害は生涯にわたって継続し得るものであり、その不利益は重大である。家族関係の形成阻害による被害は、家族との同居や自由は触れ合いによって得られるはずの安定した生活の喪失、心身の健全な発達や知性、情操、道徳性、社会性などとの調和のとれた円満な人格形成の機会の喪失であり、人格形成に重要な幼少期に親が隔離された場合などには、人格形成に必要な愛情を受ける機会を喪失し、かつ、かかる喪失によって生じた不利益は回復困難な性質のものである」

「このとおり、ハンセン病患者の家族は、ハンセン病隔離政策等によって、憲法13条が保障する社会内において平穏に生活する権利（人格権）や憲法24条1項が保障する夫婦婚姻生活の自由を侵害されており、ハンセン病隔離生活等を所管した厚生大臣をはじめとして所管の大臣は、条理上、ハンセン病患者の家族に対し、ハンセン病隔離政策等を先行行為として、相応の作為義務を負う」

コロナ禍差別によって、新型コロナウイルスに感染した者の家族にも深刻な被害が生じている。ただし、異なる点も見られる。コロナ禍差別の場合は、感染者→感染者の家族→感染の疑いのある者及びその家族→これらの者の通う学校や勤務する職場、地域の構成員

等と、その対象が拡大し続けているからである。

各界からの声明

法整備の足がかりとして

　以上のように、ハンセン病差別とコロナ禍差別には複数の共通点がある。しかし、ハンセン病の教訓があるにもかかわらず、国はコロナ禍差別に対処できていない。コロナ禍差別を防止・救済するための法整備を議論することを放棄しているようにも見える。コロナ禍差別をはじめとするあらゆる差別を防止し、被害救済を図るために必要な法とはどのようなものか。それを考えるために、ここからはコロナ禍に際して各界や研究会などから出されている声明や提言、そして自治体において新たに制定された条例などを紹介していきたい。

　声明や提言、各自治体の条例には、それほどの効力がないと思われる方も多いかもしれないが、意義は少なくない。

　意義の一つは、異なる立場の間で見られるコロナ禍差別及びこれによる被害が「ある」か「ない」かという「水掛け論」、そしてそれが合理的で「ある」か「ない」かという議論に終止符を打ち、コロナ禍差別が存在し、深刻な被害が生じていること、そしてそれは許されないものであることを人々の「共通の尺度」とし、問題に取り組む環境が形成されるという点である。

　意義の第2は、「許されないこと」の意味についてで、条例などの場合には、倫理的に許されないということにとどまらず、法的に許されないということ、つまり違法ないし不法だと宣明することによって、人々にコロナ禍差別の禁止についてより強い規範意識を醸成ないし覚醒させる効果を生じさせるという点である。

　意義の第3は、この違法ないし不法だと宣明したことの効果にかかわるが、コロナ禍差別によって被った被害を理由とする不法行為

に基づく損害賠償請求の訴訟において原告側に必要となる不法行為の立証に当たって、条例などが有力な根拠になり得るという点である。

意義の第4は、人権教育や人権啓発における意義にも大きなものがあるという点である。個人の価値観にかかわらず、この共通の尺度を遵守することがすべての人に強く求められるということ、すなわち、たとえ罰則などが規定されていなかったとしても、この遵守は法的な義務だということを教育・啓発することができるようになるという点である。より強い教育・啓発効果が期待される。

意義の第5は、人権相談における効果という点である。被害者のなかには、深刻な被害を受けているにもかかわらず、「悪いのは自分だ」といった加害者意識を持たされている者も少なくない。人権相談に当たっては、この加害者意識を洗浄させることが重要となる。声明や提言、各自治体の条例等におけるコロナ禍差別の禁止の宣明は、この洗浄に当たって、有力なツールとなる。

意義の第6は、国や自治体の施策についてで、当事者が国や自治体に対して、コロナ禍差別の禁止ないし防止及び被害救済等について必要な施策の実施を求めるに当たって、有力な説得材料になるという点である。宣明は、当事者運動の有力な「武器」となる。

ここからは実際に声明や提言、条例を見ていきたい。すでに各界から緊急声明などが発表されている。

日本弁護士会

日本弁護士連合会は、2020年7月29日に、「新型コロナウイルス下で差別のない社会を築くための会長声明」を公表している。声明は次のようなものである。

「今日、新型コロナウイルス感染症が拡大する中、感染者らを社会的に排除しようとする状況が発生している。例えば、感染者・医

療関係者等に対するSNS上での誹謗中傷、感染者が確認された学校・施設等に対する非難、医療関係者等の子どもの通園・通学拒否、感染者の自宅への投石、県外ナンバー車・長距離運転業者の排斥、感染者のプライバシー侵害及びこれらを誘発する言動など、様々な偏見差別が生じている。

このような偏見差別は、基本的人権の尊重を基本原則とし、個人の尊厳、自由及び人格権（憲法13条）並びに法の下の平等（憲法14条）を保障する日本国憲法の下、感染者やその家族等の人格や尊厳を侵し、また、生活に重大な悪影響を与えるものであり、決して容認し得ないものである。

この点において想起されるべきは、感染症にかかわる偏見差別の象徴であるハンセン病問題であり、『感染症の予防及び感染症の患者に対する医療に関する法律』においても、ハンセン病患者等に対する偏見差別を教訓として今後に生かすことが必要であること（前文）、感染症の患者等の人権が損なわれることがないようにすること（4条）が定められている。

確かに新型コロナウイルス感染症はハンセン病とは異なる特徴を有するものではあるが、感染症に関わる偏見差別という共通の問題を生じさせており、感染症を理由として個人の尊厳が侵され、偏見差別を受けることがあってはならないことを改めて社会共通の認識とする必要がある（当連合会「患者の権利に関する法律大綱案の提言」〔2012年9月14日〕、厚生労働省「ハンセン病問題に関する検証会議」最終報告書〔2005年〕各参照）。

そこで、政府及び地方自治体には、新型コロナウイルス感染症に関する必要かつ正確な情報提供及び十分な説明責任を果たし、偏見差別・人権侵害防止のための普及啓発・教育活動を積極的・継続的に講じることを求める。

また、弁護士をはじめ法曹関係者は、偏見差別の実態に直面したと

き、法律相談をはじめあらゆる法的救済手段をもってその是正に向けた対応を行うとともに、それらの活動により偏見差別のない市民社会の構築に貢献する責務を有する。

当連合会は、新型コロナウイルス感染症に関わる偏見差別・人権侵害が見られる中、引き続き偏見差別を生み出さない社会を築くために努力する決意を表明する」

医療界

医療界も声明を発表している。

日本災害医学会は2020年2月22日、新型コロナウイルスに対応した医師や看護師らが職場内外で不当な扱いを受けているとして、抗議する声明を出した。

「バイ菌」扱いするいじめを受けたり、現場で対応したことに謝罪を求められたりする例が相次いだと訴えている。

日本赤十字社も、2020年3月に、「新型コロナウイルスの3つの顔を知ろう！〜負のスパイラルを断ち切るために〜」と題された教材を作成し、同社のHPに掲載すると共に、この教材を用いた授業を中学校などで実施している。「ウイルスがもたらす第三の〝感染症〟は嫌悪・偏見・差別です。不安を煽ることは病気に対する偏見や差別を強めます。『確かな情報』を広めましょう。差別的な言動に同調しないようにしましょう」などと訴えている。

メディア

メディアも、コロナ禍差別について特集を組んでいる。

「社会の分断に拍車を掛けているのがマスコミです。『事実だから報道します』と言うけれど、『休業要請を無視したパチンコ店に行列ができている』などと、センセーショナルに報じれば、多くの国民は『野放しにするな』『もっと強制的な措置を取れ』という感情

をかき立てられます」（『毎日新聞』2020年6月17日）。

　筆者のコメント記事も、「西日本新聞」（2020年5月5日朝刊）、「解放新聞大阪版」（6月5日）、「読売新聞」（6月8日朝刊）、「東京新聞」（6月25日朝刊）、「中日新聞」（6月26日夕刊）、「朝日新聞」（6月30日朝刊）などに掲載された。

政府からの提言

　法務省の人権擁護機関も、メッセージを発信している。

　「新型コロナウイルス感染症に関連して、感染者・濃厚接触者、医療従事者等に対する誤解や偏見に基づく差別を行うことは許されません。公的機関の提供する正確な情報を入手し、冷静な行動に努めましょう」

　「法務省の人権擁護機関では、新型コロナウイルス感染症に関連する不当な差別、偏見、いじめ等の被害に遭った方からの人権相談を受け付けています。困った時は、一人で悩まず、私たちに相談してください。新型コロナウイルス感染症の拡大に伴い、来庁される方々への感染拡大防止のため、法務局・地方法務局（支局を含む）では、当分の間、できる限りインターネット又は電話による相談をお願いしております」

　文部科学大臣からも、「新型コロナウイルス感染症に関する差別・偏見の防止に向けて」と題されたメッセージが2020年8月25日に発表された。

　そのうち、「保護者や地域の皆様へ」と題されたそれでは、次のように要請されている。

　「私たちは、この感染症と、この感染症がもたらした社会の変化に対して、現時点での科学的な知見や見解に基づいて、正しく向き合うことが必要です。私からは、保護者や地域の皆様に次の2点を

お願いいたします。第一に、感染者に対する差別や偏見、誹謗中傷等を許さないということです。誰もが感染する可能性があるのですから、感染した児童生徒等や教職員、学校の対応を責めるのではなく、衛生管理を徹底し、更なる感染を防ぐことが大切です。そして、自分が差別等を行わないことだけでなく、『感染した個人や学校を特定して非難する』『感染者と同じ職場の人や、医療従事者などの家族が感染しているのではないかと疑い悪口を言う』など身の周りに差別等につながる発言や行動があったときには、それに同調せずに、『そんなことはやめよう』と声をあげていただきたい。人々の優しさはウイルスとの闘いの強い武器になります。感染を責める雰囲気が広がると、医療機関での受診が遅れたり、感染を隠したりすることにもつながりかねず、結局は地域での感染の拡大にもつながり得ます。その点からも差別等を防ぐことは必要なことです」

自治体

自治体の首長などからも声明などが発表されている。鳥取県では、声明にとどまらず、鳥取県知事・鳥取県弁護士会会長・鳥取県警察本部長・鳥取地方法務局長の連名による「新型コロナウイルスに関する差別的扱いや誹謗中傷から陽性者等を守る共同行動宣言」が2020年9月10日に公表されている。

宣言は、「鳥取県、鳥取県弁護士会、鳥取県警察本部及び鳥取地方法務局は、お互いに連携して、患者や家族など新型コロナウイルスと闘う方々への差別的扱いや誹謗中傷を防ぐとともに、寄り添って支援する取組を進めます」というものである。

市民団体

市民団体からも国・自治体などに対する緊急要請が行われてい

る。

　たとえば、一般社団法人部落解放・人権研究所が2020年 5 月23日
及び30日に主催した「『コロナ差別を考える』シンポジウム」（オン
ライン）では、シンポの終わりに、「新型コロナウイルス問題にと
もなう差別・偏見の防止、救済を求める要望書」を内閣総理大臣・
法務大臣・文部科学大臣・厚生労働大臣・総務大臣・経済産業大臣
宛に提出することが決議され、同要望書が政府宛に提出された。

国際的な視点からの声明、提言

UNDP

　新型コロナウイルス感染症は、もちろん日本国内だけの問題では
ない。感染症の流行は地球規模で広がり、すでにあった格差や矛盾
を顕在化させ、拡大させている。したがって国際的な機関などが発
出した声明や提言を見ていくことには大きな意義があり、非常に大
切である。

　NHKの集計によると、2021年 8 月24日14時現在、新型コロナウ
イルスの感染者は世界で、累計 2 億1251万1054人、死亡者は444万
962人とされる。感染拡大は新たな局面を迎えている。アメリカ、
インドでは感染者の数が3000万人を超えており、ブラジルも2000万
人を超えている。ロシア、イギリス、フランス、トルコは600万人
を超えており、アルゼンチンは500万人を、コロンビア、スペイン、
イラン、イタリアも400万人を超えている。新型コロナウイルスに
立ち向かう日々が、世界でも日本でも今後も続くものと思われる。

　世界の開発とそれに対する援助のための国際連合総会の補助機関
である「国際連合開発計画」（UNDP）は、「新型コロナウイルスと
格差」を次のように分析している。

　「新型コロナウイルス感染症の大流行は前代未聞の危機です。ほ
んの数カ月でほぼすべての大陸に広がり、数百万人が感染し、数

十万人が亡くなりました。この疫病が過ぎ去ったとしても、人類全体がこの先何年もその影響を受けながら生きていくことになります。しかし、私たちが支払う代償は立場により大きく異なります。新型コロナウイルスには国境は関係なく、最も弱い立場にある人々が最も大きな打撃を受け続けることになるからです」

「世界の一人当たりの所得は４％減少すると予想されています。世界銀行は世界中でおよそ4000万から6000万人が極度の貧困に陥る可能性があると警告しており、中でもサハラ以南のアフリカは最も甚大な被害を受け、次いで南アジアで被害が甚大になると予測しています。国際労働機関（ILO）は、今後数カ月間の間に労働人口の半分が職を失う可能性があると予想しており、新型コロナウイルスに伴う世界経済の損失は10兆米ドルにも及びかねないと推定しています。世界食糧計画（WFP）によると、直接的な措置が取られない限り、２億6500万人が危機的なレベルの飢餓に直面することになると危惧しています」

「感染症の拡大によりあらゆる社会で弱点が露呈します。新型コロナウイルスが発生する以前から、拡大する格差は根深い問題となっていました。私たちは、新型コロナウイルスによる社会・経済的影響の始まりを目の当たりにしているに過ぎません。UNDPのデータ・ダッシュボードを見ると、準備と対応の能力のレベルが国により大きく異なることが明らかになっています。発展途上国や危機的状況にある国、それに加えて、インフォーマル経済に依存している人々、女性、障がいを持つ人々、難民、避難生活を送る人々、そして偏見に苦しむ人々など、世界中のすでに脆弱な立場にある人々が最も大きな打撃を受けることになります。ILOによると、インドだけでも４億人以上がインフォーマルな仕事に頼らざるを得ないため、貧困に陥る危険性があります」

UNDP総裁

このような推計を受けて、アヒム・シュタイナー UNDP総裁も警鐘を鳴らしている。

「このパンデミックは医療危機です。しかし、単に医療面での危機にとどまりません。世界中の至る地域で、深い傷跡を残すでしょう。国際社会からの支援が行われなければ、過去20年間に遂げられた開発が大幅に後退するリスクを冒すこととなります。すべての世代において、たとえ命が失われなかった場合においても、権利、機会、尊厳が失われることになるでしょう」

国連総長

アントニオ・グレーテス国連事務総長も、2020年7月18日、ネルソン・マンデラ記念財団が主催したネルソン・マンデラ記念講演において、「不平等というパンデミックへの取り組み―新時代のための新しい社会契約」と題して、次のように訴えている。

新型コロナウイルス感染症の発生は、世界的な危機を招致している。この危機は、世界保健機関（WHO）や国際通貨基金（IMF）など、国連システム傘下の専門機関ではとても対応しきれるものではない。危機の主な要因は、主要国の強いリーダーシップと行動が絶対的に必要とされるにも関わらず、国際協調に向けた主要枠組みが機能していないからである。

「COVID-19の世界的大流行（パンデミック）は、私たちの世界の脆さを露呈させました。不十分な医療制度、社会的保障の欠如、構造的な不平等、環境破壊、気候危機等、私たちが数十年にわたって無視してきたリスクを表面化させたのです。貧困の根絶と不平等の縮小で前進を遂げていた地域が、わずか数カ月のうちに丸ごと、何年も前の状況に逆戻りしてしまいました。新型コロナウイルスは、貧困層や高齢者、障がい者、持病がある人々をはじめ、社会的に最

も弱い人々に最も大きなリスクを突き付けています。対策の最前線に立っている医療従事者は、南アフリカだけでも4000万人以上がウイルスに感染しています。私はこうした人々に敬意を表します。国によっては、民間病院だけでなく、企業や個人までもが、あらゆる人が緊急に必要とする貴重な資材を買いだめしているケースも見られます。これも不平等の悲劇的な例といえるでしょう。コロナ禍による経済的な低迷は、インフォーマル経済や中小企業で働く人々のほか、女性をはじめ、育児や介護の責任を担う人々に影響しています。私たちは、第二次世界大戦以来最悪の世界的景気後退と、1870年以来最も広範な所得崩壊に直面しています。極度の貧困に陥る人がさらに１億人増えるおそれがあります。歴史的な規模の飢饉（きん）が生じるかもしれません。COVID-19は、私たちが構築した社会の脆い骨格に生じた亀裂を映し出すX線のような存在です。あらゆる場所で、誤謬（ごびゅう）や虚偽が明るみに出ています。自由市場がすべての人に医療を届けられるという虚構。無給の育児や介護は仕事ではないという嘘。私たちが暮らす世界に人種差別はないという妄想。そして、私たちはすべて同じボートに乗っているという神話。事実、私たちは同じ海の上を漂っているとしても、スーパーヨットに乗る者もいれば、流れてきた瓦礫（がれき）にしがみついている者もいるのです」

「現実を直視しましょう。世界的な政治・経済システムは、公衆衛生や気候変動対策、持続可能な開発、平和といったグローバル公共財を提供できていません。COVID-19のパンデミックは、利己心と『共通の利益』の間にある悲劇的な断絶と、ガバナンス構造や倫理枠組みの間にある巨大なギャップを明らかにしました。これらのギャップを埋め、新しい社会契約を可能にするためには、力と資産、機会が国際レベルでより幅広く、公正に共有されるようにするための新しいグローバルな取決めが必要です。新たなグローバル・ガバナンス・モデルは、グローバルな諸制度への全面的かつインク

ルーシブで平等な参加に基づくものでなければなりません。それが
なければ、私たちはさらに大きな不平等と連帯の欠如に直面するこ
とになります。それはちょうど、私たちが今、COVID-19のパンデ
ミックに対する断片的なグローバル対応で見ている光景と同じで
す。コロナ禍に直面した先進国は、自国の存続に多額の投資を行っ
ています。しかしその一方で、この危険な時期全体を通じ、開発途
上地域への支援に必要となる十分な支援は提供できていません。こ
の現状を変えるための最善の手段は、公正なグローバリゼーショ
ン、あらゆる人の権利と尊厳、自然とのバランスを保った暮らし、
将来の世代の権利への配慮、そして経済ではなく、人間的尺度で
測った成功に基づく新しいグローバルな取決めです」

　日本では、コロナ禍によって明るみに出た格差や不平等、さまざ
まな差別を存続させている社会構造に焦点が当てられることはあま
りないように思える。だが、このような国際的な視点も踏まえ、不
平等や差別をなくすための施策を講ずるべきときである。

国際的な動き

ビジネスの世界では

　2006年、当時の国連事務総長のコフィー・アナンは、金融業界に
対するイニシアティブである「責任投資原則」を提唱した。投資に
関する意思決定に際し、「環境、社会、ガバナンス」の視点を組み
込み、投資先の企業に株主としても働きかけることを求める内容で
ある。法的拘束力のない任意の原則であるが、署名した機関投資家
は4000を超えている。

　この責任投資原則の普及に見られるように、ビジネスの世界で
も、「ステークホルダー資本主義」という言葉が語られはじめてい
る。企業は単に株主利益のためだけでなく、多様なステークホル

ダー（利害関係者）のために存在するという考えである。

　SGDsも注目される。2015年9月に開催された国連サミットでSGDsが採択された。SGDsとは「Sustainable Development Goals（持続可能な開発目標）」の略称である。国連加盟193カ国が2016年から2030年までの15年間で達成するために掲げられた目標である。民間企業でも、このSGDsを事業計画に盛り込む企業が増えている。

　SGDsは、17の目標からなっている。目標の10は、「人や国の不平等をなくそう」というもので、目標10の2は、「2030年までに、年齢、性別、障害、人種、民族、出自、宗教、あるいは経済的地位その他の状況に関わりなく、全ての人々の能力強化及び社会的、経済的及び政治的な包含を促進する」というものである。また、目標10の3は、「差別的な法律、政策及び慣行の撤廃、並びに適切な関連法規、政策、行動の促進などを通じて、機会均等を確保し、成果の不平等を是正する」というものである。

　問題は、この目標と国際人権法との関係である。次のように指摘されている。

　SGDsを実施するにあたっては、「普遍性」の原則に照らし、国際人権法が遵守されなければならない。SGDsの日本国内での実施に最も関連する国際人権法の規範は、日本が批准している国際人権諸条約及び同条約の実施機関である各条約機関が日本政府に出した勧告である。したがって、SGDsの国内実施にあたっては、人権条約機関の勧告の内容に沿った実施手段が求められる。例えば、目標16のBにおいては、「持続可能な開発のために、非差別的な法規及び政策を推進し実施する」とされているが、この目標を実現するためには、人権条約機関からの度重なる勧告を踏まえ、包括的な差別禁止法の制定が必要になる。

　これによると、部落問題をはじめとするマノリティ差別の禁止について、あるいはマイノリティの人権擁護について、日本の国内法

が国際人権法に比べて遅れており、国内法と国際人権法との間に開きがある場合、国内法の水準で目標を設定してよいのか、それとも、国際人権法の水準をベースに目標を設定しなければならないのかという点についての答えも、おのずと明らかであろう。SGDsの人権目標が依って立つべき基準は国際人権法ということになる。企業の担当者の方からも、「われわれは国際的な企業で、人権についても国際基準で取り組んでいる」という話を聞く機会がしばしばある。

　部落差別をはじめとするマイノリティ差別問題への企業の取り組みについても国際的な視点、国際的な基準が求められる時代に入っている。人権問題は優れて国際問題になっている。ウイグル族への人権侵害で対中制裁に踏み切った欧米の投資家を中心に問題意識が高まっていることを受けて、金融庁と東京証券取引所は、2021年6月に施行する上場企業への「コーポレートガバナンス・コード」（企業統治指針）に人権を尊重するよう求める規定を盛り込むことにしたと報じられている。日本企業の人権意識が低いとみなされれば投資対象から外れるリスクがあり、指針を通じて自発的な対応を促すとされる。

　このような動きも、国際化対応の動きといえる。国際化対応が求められるのは大企業だけではない。中小・零細企業も国際化対応が求められる。国・自治体と企業との関係についても、場合によっては見直しが必要ということになるかもしれない。国・自治体の指示・要請に従っていればよいということにはならないからである。時には、国・自治体よりも前に出る、前を走ることが必要となっている。

　コロナ禍で明らかになったのは、各国の対応の巧拙さである。対応が上手な国に対しては、その国民のみならず、他国からも称賛の声が寄せられている。これに対し、稚拙な国に対しては、その国民

のみならず、他国からも厳しい声が浴びせられている。コロナ禍は国際比較の時代をもたらしたといってよい。コロナ禍差別への対応に当たっても、国際基準が求められるといえよう。

政府のWGによる分析

政府はどう見ているか

　第１部で見てきたように、日本国内のコロナ禍差別・人権侵害は、無視できないくらいひどくなっている。重要なのはきれいごとのスローガンではなく、事実を直視するために、必要な調査を積み重ねることである。

　ここでは差別・人権侵害にかかわる政府の「偏見・差別とプライバシーに関するワーキンググループ」が、どのように新型コロナウイルス感染症に関する差別・人権侵害の実態を分析しているのかを見ていく。

　2020年９月１日、政府の「新型コロナウイルス感染症対策分科会」に設置された「偏見・差別とプライバシーに関するワーキンググループ」の、第１回の会合が開催された。

　同ワーキンググループ（WG）に提出された、武藤香織副座長及び松原洋子委員がまとめた資料３「感染症と偏見、差別、スティグマに関する主な論点」によると、「感染症に関わる主な論点」は次のように整理されている。

感染症にかかわる主な論点
①隔離措置が与える影響

　人との接触を感染経路とする感染症では、まん延防止のため、感染した人を一時的に社会活動から離脱させる「隔離」という措置が容認されうる。しかし、隔離措置は、人々に対して、菌やウイルスではなく、感染した人やその近親者に対して忌避意識や恐れを感じ

させやすくなってしまう。

②潜在的な被差別構造

　歴史的に見ると、社会から疎外されたり、社会的に不利な立場に
ある集団に広がりやすい感染症があったことが知られている。した
がって、その感染症が出現する以前から存在していた、その社会に
おける差別の構造を、感染症の流行が顕在化させる可能性がある。

③知識の絶えざる更新の要請

　新たな感染症では、研究の進展とともに、新たな知識が更新され
ていく。しかし、知識を更新する意欲よりも、感染症への恐怖感や
忌避感が上回ってしまうと、人々の間で古びた知識に基づく振る舞
いが定着してしまい、差別的な言動の維持につながる。

④過度な対応の正当化や容認

　新たな感染症では、その時点での正確な知識に裏づけられた、感
染拡大防止のための行動変容が必要である。しかし、感染症への恐
怖に加え、感染を発生させた場合の社会的制裁への恐怖も広がる
と、適切な水準よりも過度な対応が取られることがある。そのよう
な場合、一定の人々を過度に遠ざける行為が正当化あるいは容認さ
れやすくなり、その対象となった人々を傷つける結果を招きかねな
い。

⑤ハイリスクな行動や環境への差別の正当化

　研究の進展や事例の積み重ねにより、感染や感染拡大のリスクが
高い行動や環境などが絞りこまれ、周知されると、そうした行動や
環境に対する偏見やスティグマが広がるおそれがある。結果的に、
リスクが高い行動や環境にかかわる人々への差別につながりうる。

⑥スティグマの内面化

　感染症をめぐる他者の差別的な言動を見聞きするなかで、自己が
感染した事実を他者と共有することや、感染後の自己を肯定するこ
とが困難となり、結果的に、早期介入が遅れることがある。健康状

態の悪化に加え、自己に対する否定的攻撃的な感情などの帰結に至る場合（スティグマの内面化）も考えられる。

検討課題案
資料6では、「検討課題（案）」が次のように整理されている。

〈実態、取組及び課題の把握〉
・医療機関、学校等における感染者、濃厚接触者、医療・介護従事者等、その家族等に対する偏見や差別、心ない加害行為等（以下「偏見・差別等」という）にはどのようなものがあるのか。それに対してどのような取組が行われているのか。それらの取組に関してどのような課題があるのか。
・報道やSNSにおける偏見・差別等に関する行為にはどのようなものがあるのか。それに対してどのような取組が行われているのか。それらの取組に関してどのような課題があるのか。
・国や自治体において偏見や差別等に対してどのような取組が行われているのか。それらの取組に関してどのような課題があるのか。
・偏見や差別等をなくすためにはどのような取組が必要と考えられるか。

〈偏見・差別等を招かないための報道、情報公開の在り方等〉
・感染者等に関する報道について、偏見や差別等を招かないために留意すべき点として、どのようなことが考えられるのか。
・感染者が発生した場合の情報の公開の仕方によっては、感染症のまん延防止に資する範囲を超えて、個人のプライバシーの侵害に当たるおそれや、偏見・差別等を招くおそれがあるが、どのような情報公開が適切と考えられるか。

資料8は、石田昭浩委員（日本労働組合総連合会〔連合〕副事務局長）

が「日本労働組合総連合会（連合）に寄せられた相談（偏見・差別、ハラスメント編）」と題してまとめたもので、相談事例が紹介されている。

WGでは、感染者等及びこれらの家族等に対する偏見・差別、心ない加害行為等に関する実態把握や関係者（感染者・回復者や感染者が発生した飲食店など）のヒアリングを実施する。それらを参考に、相談窓口や国民向けの啓発の在り方（相談窓口の更なる活用方法や国・自治体からの普及啓発に向けたアプローチなど）について議論を行い報告書を取りまとめ、分科会に報告・公表する。その内容を自治体や相談窓口、企業、マスメディアなどの積極的な取り組みにつなげるとされている。

武藤香織副座長は「西日本新聞」の取材に応じて、「こうした（嫌がらせなどの―引用者）話に慣れてしまわないこと、怒りを覚え続けることが大事。地域の特徴を理解している首長たちが差別防止に向けて力強いメッセージを出してほしいし、政府全体でも取組みが必要だ」（同2020年9月22日）と訴えている。

知事から提起される課題

WGには鈴木英敬三重県知事も委員として出席し、資料9等に基づいて、新型コロナに関する差別の実態や県内での対策を報告し、被害者への支援や法整備の必要性も訴えた。

資料9は、「偏見・差別の実態について」「自治体の取組」「課題と論点」からなる。

「偏見・差別の実態について」では、三重県の事例として、①県内A市の中華料理店で事実無根の書き込みがSNSで拡散、②県内B町で感染者確認以降、インターネット掲示板で不適切な投稿が多数、③三重県のネットパトロールでも差別的な書き込みを多数検知、④三重県人権センター相談窓口へ新型コロナウイルス感染症関

連の相談が約50件（2020年３月～８月）あったこと、が紹介されている。

　また、島根県の事例として、県内の私立高校で８月９日以降、サッカー部員ら約100人が感染するクラスターが発生したところ、高校に対して、学校の批判に加え、生徒を中傷するような電話が殺到し、学校公式ブログの活動紹介の生徒写真がインターネット、SNS上に流出し、「マスクも着けずにコロナをばらまいている」との批判とともに、その写真がネット上で拡散されたことが紹介されている。

　岩手県の事例として、全国で唯一「感染者ゼロ」だった同県で、2020年７月29日に初めて感染者が確認され、感染した男性が勤める県内の企業は同日夜、ホームページで従業員の陽性を発表したところ、勤務先に対して、３日間で100件以上の誹謗中傷を含む問い合わせの電話や、誹謗中傷のメールが多数寄せられ、感染を公表した翌日の30日、会社ホームページへアクセスが殺到しサーバーがダウンしたことが紹介されている。

　「自治体の取組」では、三重県の取り組みのほか、全国の感染症対策条例改正状況として、東京都新型コロナウイルス感染症対策条例（2020年８月１日施行）、長野県新型コロナウイルス感染症等対策条例（2020年７月９日施行）、岐阜県感染症対策基本条例（2020年７月９日施行）、鳥取県新型コロナウイルス感染拡大防止のためのクラスター対策等に関する条例（2020年９月１日施行）、沖縄県新型コロナウイルス感染症等対策に関する条例（2020年７月31日施行）が紹介されている。

課題と論点
　「課題と論点」では、以下の課題があげられている。

①啓発・教育の強化

・情報リテラシー強化をはじめとした啓発・教育の積極的な取組が必要。

・特措法において、感染症対策に関する正しい知識の普及啓発を行うため、予防及びまん延の防止に関する知識の普及のみならず、受け手に応じた情報提供のあり方や手段についての議論が必要（特措法第13条関係）。

②特措法・ガイドラインの改正

・今回初めて適用された新型インフルエンザ等対策特別措置法（特措法）では、国民の自由と権利に制限が加えられる観点で基本的人権の尊重について第5条に記載されているが、感染者等に対する偏見・差別の視点が記載されていない。

・新型インフルエンザ等対策ガイドライン「情報提供・共有（リスクコミュニケーション）に関するガイドライン」が策定されているが、今般の新型コロナウイルス感染症への対応では活用されていない。今回の対応の経験を踏まえた見直しが必要。

③感染症法の改正

・感染症法では、前文に「過去にハンセン病、後天性免疫不全症候群等の感染症の患者等に対するいわれのない差別や偏見が存在したという事実を重く受け止め、これを教訓として今後に生かすことが必要である」とされているが、差別や偏見が発生した場合に備えた体制整備など、具体的な対策を取るための根拠となる条文がない。

・障害者差別解消法等、差別解消等を主目的とする他法令も参考にしつつ、患者及びその家族その他の関係者からの差別に関する相談に的確に応ずるとともに、差別に関する紛争の防止又は解決を図ることができるよう必要な体制の整備を図るため、法改正も視野に入れた議論が必要。

④SNS上での拡散防止

・SNS上の偏見・差別投稿の拡散について、早期に対応できるような仕組みが必要である。プロバイダ責任制限法の対応が難しいコンテンツ（LINE等の関係者しか見られないネットワーク）については議論が必要。

⑤相談体制の充実

・法務局人権擁護機関等で偏見・差別の相談対応を行っているが、名誉毀損、風評被害による損害賠償等に対応する法律相談など、多様な相談体制の整備が必要。

⑥偏見・差別被害者に寄り添った支援

・地方自治体が制定している犯罪被害者支援条例のように、偏見・差別被害者に対し、寄り添った支援を行っていく枠組みの整備が必要。

⑦政府をあげた省庁横断的な取組

・国をあげた省庁横断的な取組のために、各省庁を束ねて先導的な役割を担う組織作りが必要。

⑧地方の取組に対する財政支援

・地方が地域の実態に即して取り組む偏見・差別防止対策に対し、財政支援が必要。

⑨都道府県と市町村との連携の深化

・偏見・差別に対し初動で速やかな対応を行うため、保健所を所管し患者情報等を有する広域自治体と地域住民と接する機会が多い市区町村間の連携深化が必要。

⑩医療従事者への偏見・差別解消

・三重県では、感染対策の最前線で尽力いただいている医療従事者に対し、県民から応援メッセージを募集するとともに、応援給付金としてQUOカードを支給し、県を挙げての応援を実施。収束が見えないなか、偏見・差別の解消とあわせて、継続的に応

援していくという姿勢が必要。

WGは、2020年11月付で、「偏見・差別とプライバシーに関するワーキンググループこれまでの議論のとりまとめ」と題された提言をまとめ、分科会に提出した。

WGの提言は、「感染状況が落ち着いている『平時』から取り組むべきこと」と「クラスター発生時等の『有事』に取り組むべきこと」に分けてなされている。

前者の提言は、①感染症に関する正しい知識の普及、偏見・差別等の防止等に向けた注意喚起・啓発・教育の強化、②感染者等に対する差別的取扱、誹謗中傷等を禁止する旨の条例の制定等、③偏見・差別等に関する相談体制の強化、SNS等における誹謗中傷への対応等、④悪質な行為には法的責任が伴うことの市民への周知、⑤新型コロナウイルス感染症の特性を踏まえた情報公表に関する統一的な考え方の整理、⑥非流行地における啓発等、⑦報道の在り方、⑧新型コロナウイルス感染症対策に関する施策の法的位置づけ等からなる。

情報公開

⑤の「新型コロナウイルス感染症の特性を踏まえた情報公表に関する統一的な考え方の整理」では、次のような提言もなされている。

「事業所や学校等において、従業員や学生等に感染者が発生し、消費者や近隣住民等に対する説明責任を果たす等の観点から関連情報の公表が行われることがあるが、この場合には、個人情報の保護の要請の一方で、『包み隠さず話す』要請も強くなりがちであり、どのような情報をどこまで公表すべきかが問題となり得る。この点については、今後も事例の蓄積と検討が必要と考えられる。少なく

とも、事業所や学校等の単位で感染者や濃厚接触者の性別や年代を公表すると、規模の小さいコミュニティでは容易に個人を特定し得ることや、性的少数者のアウティングにもつながり得るため、性別や年代の公表は、原則行うべきではないと考えられる」

⑦の「報道の在り方」でも、次のような提言がなされている。

「感染症を社会が受け止め、克服するためには、メディアの力が不可欠である。そして現代では、マスメディアとソーシャルメディアが複雑に絡み合った情報空間でリスク情報が構築される。このリスク情報を踏まえたコミュニケーションが目指すのは、WHOも指摘するように、人々が十分なリスク情報と理性に基づき、自分自身を、そして他の人々、ひいては社会を守る判断を行えるようになることである。報道機関やインターネットメディア関係者が、この目標への先導役を果たすことを期待する」

施策の法的位置づけ

⑧の「新型コロナウイルス感染症対策に関する施策の法的位置づけ等」でも、次のような提言がなされている。

「以上のような施策を国、地方自治体や事業者団体等が連携してより実効的に推進するためにも、政府は、感染症法の前文や感染症法に基づく基本指針（「感染症の予防の総合的な推進を図るための基本的な指針」〔1999年厚生省告示第115号〕）に規定された患者等の人権尊重等の基本理念をさまざまな機会を捉えて広く国民や関係者に周知することと併せて、感染者等に対する偏見・差別等の防止のための啓発・教育や差別的な言動を受けた方への相談等の支援など、偏見・差別等の防止のための施策全般について、感染症法や特措法等の法律に基づいた施策としての位置づけを持たせることを検討していただきたい。また、政府においては、地方自治体がこれらの施策を推進するため、専門的な見地からの支援や財政支援をはじめとす

る各種支援策を講じていただきたい」

　他方、「有事」に取り組むべきことについての提言は、①報道機関への対応、②保育所等における感染対策等の支援、③地方自治体や専門家等による情報の発信、④「偏見・差別等の行為は許さない」メッセージや応援メッセージの発出、からなる。

報道機関への対応

　このうち、①の「報道機関への対応」では、次のような提言がなされている。

　「クラスター発生直後や対応の渦中における報道機関への対応は、関係者にとって相当の負担となり得る。このため、感染者の個人情報の保護に留意しつつ適切な情報公開を行うような公表の仕方について、事業所があらかじめ行政と調整しておくことが有効と考えられる。とりわけ医療機関・介護施設等の場合、報道機関への対応を含めて感染者が発生した場合の事前の想定をしておくことが望ましい。加えて、あらかじめ組織内の感染症対策を公表しておくことも、院内・施設内感染対策の信頼性を確保する観点から有用と考えられる」

保育所等への支援

　②の「保育所等における感染対策等の支援」でも、次のような提言がなされている。

　「発生直後から、医療機関等の職員の子どもについて一部の保育所等で登園を断られるケースが見られたが、これに対しては、国や地方自治体が必要に応じて保育所等に対して適切な働きかけを行うとともに、医療機関等における院内感染の発生を完全に防ぐのは困難であることを発信することが必要と考えられる。また、医療機関

等の職員の生活を支える保育所や介護施設等における感染対策についても、医療機関と同様に、その時点での最新かつ正確な情報が十分に周知されることが必要である。特に保育所については、感染症流行の有事においてもできるだけ閉鎖されないよう、地方自治体等が感染対策の重点的な支援を行い、保育士ら職員や園児の安全を守りながら、医療機関等の社会機能を維持する職業に従事する者の子どもの保育に従事できるようにする必要がある。こうした取組みは、保育所等への差別的な言動を防止することにも寄与すると考えられる」

　これらの提言自体に異論はない。個々の提言自体を取り上げると、いずれも貴重なものだといえる。しかし、相談や啓発だけで問題を処理し得るかは疑問である。

　WGではハンセン病の教訓を生かすようなことは考えられていないようであるが、必要な対策が講じられていないために、ハンセン病差別・偏見が今も元患者・家族を苦しめていることを忘れてはならない。

民間からの提言

実効性のある内容
　一方で、前述した一般社団法人部落解放・人権研究所が主催した「『コロナ差別を考える』シンポジウム」（オンライン）で決議され、政府に提出された要望書は、人権擁護体制の弱さの改革も含めた網羅的なもので、コロナ禍差別・人権侵害に対処するための優れた「処方箋」だといえる。国のWGが主な検討課題としている人権教育啓発の充実、人権相談体制の充実にも法整備は必要であるとしたうえで、法整備や第三者機関の設置にも言及しているからである。
　WGにおいて三重県知事より提案された課題と重なる項目も盛り

込まれており、差別・人権侵害問題の実態に詳しい人権研究所ならではの提言といえる。

その柱は、次のようなものである。

①各地で発生している「新型コロナ差別」の多様で厳しい実態を早急に把握されたい。

②実態調査の結果を踏まえ「新型コロナウイルス感染症対策基本方針」のなかに「新型コロナ差別」の問題を明確に位置づけ、必要な予算措置など差別の防止と被害者救済のための実効性ある取り組みを実施されたい。

③生活・経済問題だけでなく、差別や人権侵害にかかわる相談体制を地方公共団体とも協力して確立し、感染者や元患者、その家族、医療従事者、長距離運転手などエッセンシャル・ワーカーをはじめ市民が安心して相談できる「新型コロナ相談窓口」を整備されたい。

④新型コロナウイルス感染症に関する正しい知識の普及と、差別や偏見に対する啓発キャンペーンを強力に実施されたい。

⑤学校における人権教育を全国一斉に実施するための通知を発出するとともに、オンラインなどを活用した多様な人権教育教材を作成されたい。

⑥ハンセン病問題、HIV・AIDS問題など感染症問題や福島第一原発事故問題が、差別や人権侵害を生み出し広げてきたという過去の教訓を、新型コロナ対策にしっかりと反映させるために、当事者の意見を積極的に聴取されたい。

⑦「新型コロナ追跡アプリ」の導入が検討されているが、収集した個人情報がどのように管理され、利用されているのか等を監視するとともに、個人情報の漏洩や人権侵害の防止・救済のための第三者機関の設置を検討されたい。

⑧ハンセン病問題、HIV・AIDS問題、旧優生保護法、そして今回

の「新型コロナ差別」などを教訓に、患者の権利を中核とする「医療基本法」を制定し、必要な法制度を整備されたい。

⑨政府や地方公共団体が実施するコロナ関連対策から外国人やホームレスなどマイノリティが排除されることがないようにされたい。情報提供や情報発信、医療、教育、就労、生活などの相談に当たって外国人や障害者等への合理的配慮を徹底されたい。ひとり親家庭や生活困窮者らが、憲法に保障される「健康で文化的な最低限度の生活を営む権利」を決して侵害されることがないように詳細な実態把握と緊急の支援策を講じられたい。

⑩感染者やその家族、医療従事者やエッセンシャル・ワーカー、県外ナンバーの車への差別、排除、嫌がらせ、「自粛警察」という名の暴言・暴力が相次いでおり、感染拡大防止の取り組みが現代の「無らい県運動」となっている状況を踏まえ、SNS等における差別禁止法の整備を急がれたい。

⑪以上の取り組みを効果的に推進していくために、感染症対策、経済対策と同等の人権対策の「有識者会議（チーム）」を確立し、具体的方針を確立し必要な予算を講じられたい。

　問題は国のWGがこれらの提言をどの程度採用するか、そして国が実行するかである。

生かされていないハンセン病の教訓

　2001年の熊本地裁の「らい予防法」違憲判決の確定を受けて2003年に設置されたハンセン病問題検証会議も、2005年3月に国に提出した最終報告書のなかで、偏見・差別事象の再発防止の提言を行った。

　その柱は、「患者・被験者の諸権利の法制化」と「差別・偏見等を防止するための国等の責務とその施策等」だった。前者では、法制化に当たって、感染症予防医療に関する以下の諸原則、すなわ

ち、①任意受診の原則、②強制措置必要最小限の原則、③差別・偏見の温床となる病名を冠した分類をしない原則、④患者・家族等に対する差別・偏見等を防止するための国等の責務とその施策等規定すること、の原則も盛り込まれた。

コロナ禍は、それが喫緊の課題であることを如実に示している。

患者の権利法と差別禁止法の法制化に向けて

日弁連の「決議」

第2部冒頭でも述べたが、コロナ禍差別を受けて、種々の法整備が問題となるが、とりわけ制定が必要と考えられるのは、患者の権利法と包括的な差別禁止法である。

患者の権利法については、日本弁護士連合会が、東日本大震災の発生を受けて、2011年10月7日付で、「患者の権利に関する法律の制定を求める決議」を挙げている。決議の内容は、次のようなものである。

「本年（2011年—引用者）3月11日に発生した東日本大震災は、多くの人の生命を奪い、多くの人を生命の危機にさらし、我々の社会と生活を大きく揺さぶった。この大災害により、我々は、医療が我々の生命、健康、社会を支える最も重要な基盤の一つであることを改めて強く認識した。安全で質の高い医療は、健康で文化的な生活を営み、幸せに生きるために必要不可欠である。

しかし、今日、医療は多くの重要な課題を抱え、患者の権利が十分に保障されていない状況にある。

第1に、医療従事者の不足が、ときに安全な医療を受けることを困難にし、地域・時間帯や診療科目などの事情によっては、医療を受けることすらできない事態を招いている。また、昨今の厳しい経済情勢の中、貧困等の経済的理由によって医療を受けること自体ができない患者も増加している。こうした状況を克服し、誰もが安全

で質の高い医療を受けられるようにしなければならない。

　第2に、インフォームド・コンセント原則が十分に実践され患者の自己決定権が実質的に保障されなければならない。高齢者、障がいのある人、子ども、外国人などが必要な支援を得ることによって、医療を受けるに当たり自らが説明を受けて決定でき、あるいはその意思決定能力に応じて決定に参加できるようにしなければならない。他方で、自ら自己決定権を行使することができない患者について、同意ができないことを理由として、必要な医療を受けられない事態が生じないような制度整備も必要である。

　第3に、患者は、可能な限り通常の社会生活に参加し、私生活を営むことを保障されなければならない。成長発達の過程にある子どもの患者、長期間にわたって治療を必要とする患者、あるいは強制入院を始めとする施設収容が行われがちな精神疾患の患者などが受けている様々な制約は、その必要性の有無と制約の程度に関しての合理性を十分に吟味して、可能な限り取り除かれなければならない。

　第4に、刑事収容施設の被収容者が安全で質の高い医療を適時に受けられない状態が半ば放置されている深刻な事態は一刻も早く解消されなければならない。

　こうした課題の解決には、患者を医療の客体ではなく主体とし、その権利を擁護する視点に立って医療政策が実施され、医療提供体制や医療保険制度などを構築し、整備することが必要であり、そのためには、その大前提として、基本理念となる患者の諸権利が明文法によって確認されなければならない。

　さらに、患者の権利について考えるとき、我々は、医療の名の下に患者のあらゆる人権を奪い、その尊厳を踏みにじったハンセン病問題を忘れてはならない。ハンセン病患者は、絶対隔離政策の下で強制的に療養所に収容され、収容後は外出を許されず、十分な治療

もないまま劣悪な環境下におかれ、断種、堕胎を強制されるなどの重大な人権侵害を受け、多くの入所者が今なお療養所からの退去もかなわぬまま、相次いで人生の終わりを迎えている。

このような未曾有の人権侵害を二度と起こさないためには、患者の権利を法によって保障しなければならない。今もなお、HIV感染者を始めとする感染症患者や精神疾患を有する患者らに対しても、差別偏見や医学的合理性を欠いた過度の制約が行われがちである。ハンセン病問題は、現在、将来にわたる教訓として、生かし続けなければならない。

『ハンセン病問題に関する検証会議の提言に基づく再発防止検討会報告書』（2009年4月）は、『患者の権利に関する体系』を取りまとめ、患者の権利擁護の観点を中心とした医療関係諸法規の整備と医療の基本法の法制化を求めた。

今年は、国のハンセン病絶対隔離政策を違憲とする判決が下されてから、ちょうど10年になる。

当連合会も、長年にわたり、患者の権利の重要性を訴え、その法制化を求めてきた。患者の権利を明文法によって確認する機はすでに熟している。

よって、当連合会は、すべての人に対する以下の権利の保障を中核とした『患者の権利に関する法律』を速やかに制定することを求める。

1　常に人間の尊厳を侵されないこと。
2　安全で質の高い医療を平等に受ける権利を有すること。
3　疾病又は障がいを理由として差別されないこと。
4　インフォームド・コンセント原則が十分に実践され、患者の自己決定権が実質的に保障されること。
5　可能な限り、通常の社会生活に参加し、通常の私生活を営む権利を有すること。

6　国及び地方公共団体は、上記の患者の権利を保障するための施策を実施する責務を負うこと」

　しかし、決議は今も実現されていない。東日本大震災で起きたことがコロナ禍で再来し、医療崩壊の危機が医療機関等から声高に訴えられている。悲劇が繰り返されている。
　医療ないし医療提供者が「国策」に奉仕させられるという明治以来の日本の法制が、依然として維持されている。むしろ、地域健康危機管理事業などに見られるように、強化されようとさえしているのである。

「国策」に奉仕させられる医療

　それを象徴するのが、「医師法」第24条の2の「厚生労働大臣は、公衆衛生上重大な危害を生ずる虞がある場合において、その危害を防止するため特に必要があると認めるときは、医師に対して、医療又は保健指導に関し必要な指示をすることができる」という規定である。
　この国策に奉仕する医療ないし医療提供者という「日本型医療」法を典型的な形で規定したのが、2001年5月11日の熊本地裁判決によって違憲だと断罪されたらい予防法であった。日本型医療法にとって、らい予防法は決して傍流ではなく、むしろ主流に位置したのである。
　らい予防法が廃止された今日でも、国策に奉仕する医療ないし医療提供者という本質に抜本的な変化は見られない。「精神保健福祉法」や「医療観察法」などが、らい予防法の後を追っている。
　国策に奉仕する医療は、いうまでもなく、科学の名に値しない。統治のための技術でしかない。国策に奉仕する医療提供者も、専門家ないし科学者の名に値しない。統治の一翼を担う官僚にしかすぎ

ない。国家からの独立性の保障なくして、科学も専門家も存在し得ない。

　医療ないし医療提供者が国策に奉仕させられるということは、国民、市民の生命が国策に奉仕させられるということを意味する。国民、市民の生命、健康は、国民、市民のものではなく、国のものだということである。国民、市民の生命、健康を国民、市民のものとするためには、医療ないし医療提供者を国策から解放する必要がある。国策に奉仕する医療ないし医療提供者を、国民、市民のものに変えていかなければならない。

市民の命を守る医療へ

　日本の医療は世界的に見ても高い水準にあると言われている。これには、公的医療保険制度が大きく寄与していることは確かである。医療提供者の尽力も看過することはできない。しかし、そのことは、国策に奉仕する医療ないし医療提供者という法制をこのまま放任し続けてよいということを少しも意味しない。医療提供者側のパターナリズムについても、ハンセン病強制隔離政策にも見られるように、パターナリズムがときには人権侵害にも転化し得ることに留意しなければならない。らい予防法違憲判決の成果をハンセン病患者、元患者だけに限ってはならない。すべての患者に及ぼしていかなければならない。

　国策に奉仕する医療から国民、市民の命を守る医療へ。今、私たちが実現していかなければならないのは、このようなパラダイムの転換ではないか。

　2005年３月には、前述したように、「ハンセン病問題に関する検証会議」が、医療政策による人権侵害の再発防止策として、患者・被験者の権利の法制化を提言している。2008年10月には、日本弁護士連合会が「安全で質の高い医療を受ける権利の実現に関する宣

言」を採択している。そして、2009年4月には、日弁連決議でも言及されたように「ハンセン病問題に関する検証会議の提言に基づく再発防止検討会（ロードマップ委員会）」が、患者の権利擁護を中心とした医療の基本法の制定を厚生労働大臣に対して提言した。これを受けて、さらに、2009年6月には、安心社会実現会議が、患者の自己決定権・最善の医療を受ける権利を規定する基本法の制定を2年を目途に推進すべき、との最終報告を総理大臣に提出した。

しかし、今も、患者の権利擁護を中核とする「医療基本法」は日本では法制化されていない。

条例の裏づけとなる法律の不在

実現されていないのは患者の権利法だけではない。差別禁止法の法制化も実現されていない。

前述したように、政府の「新型コロナウイルス感染症対策分科会」内に設置された「偏見・差別とプライバシーに関するワーキンググループ」は、その提言のなかで、「感染者等に対する偏見・差別等の防止のための啓発・教育や差別的な言動を受けた方への相談等の支援など、偏見・差別等の防止のための施策全般について、感染症法や特措法等の法律に基づいた施策としての位置づけを持たせることを検討していただきたい」と要望している。この要望もいまだ実現されていない。

もっとも、少なくない自治体で、差別禁止条例が制定されている。各地での条例制定の引き金となった栃木県那須塩原市の「那須塩原市新型コロナウイルス感染症患者等の人権の保護に関する条例」（2020年9月30日公布・施行）では、次のような規定が置かれている。

第1条（目的）この条例は、新型コロナウイルス感染症（以下「感染

症」という。）の患者等の人権を擁護するため、市、市民及び事業
者の責務等を明らかにすることにより、感染症の患者等に対する
人権の侵害を未然に防止するとともに、人権の侵害による被害か
らの迅速かつ適切な救済を図り、もって感染症の患者等が安心し
て暮らすことができる地域社会の実現に寄与することを目的とす
る。

第2条（定義）この条例において、次の各号に掲げる用語の意義は、
当該各号に定めるところによる。

（1）新型コロナウイルス感染症　新型インフルエンザ等対策特
　　別措置法（平成24年法律第31号。以下「法」という。）附則第1
　　条の2第1項に規定する新型コロナウイルス感染症をいう。

（2）事業者　市の区域内において、商業、工業、金融業その他
　　の事業を行う法人その他の団体又は事業を行う個人をいう。

（3）感染症の患者等　アからオまでに掲げる者をいう。

　ア　市の区域内に住所を有する者であって、感染症の患者、感
　　　染症にかかっているおそれがあるもの、感染症にかかり治癒
　　　したもの及びその親族で市の区域内に住所を有するもの

　イ　市の区域内に存する事務所又は事業所に勤務している者で
　　　あって、感染症の患者、感染症にかかっているおそれがある
　　　もの及び感染症にかかり治癒したもの及びその親族で市の区
　　　域内に住所を有するもの

　ウ　市の区域内に事務所又は事業所を有し、感染症の患者、感
　　　染症にかかっているおそれがあるもの及び感染症にかかり治
　　　癒したものを雇用している事業者

　エ　市の区域内に医療施設を有し、感染症の患者及び感染症に
　　　かかっているおそれがある者に対する医療の提供を行う医療
　　　機関（法第48条に規定する臨時の医療施設を含む。）及びその医
　　　療従事者

オ　市の区域内に住所を有する者又は市の区域内に存する事務
　　所若しくは事業所に勤務している者若しくは市の区域内に存
　　する学校に通学する者若しくは市の区域内に存する認定こど
　　も園に通園する者若しくは市の区域内に存する児童福祉施設
　　に通う者であって、感染症の患者と接触したもの

第3条（基本理念）何人も、感染症の患者等の人権を最大限に尊重
　し、感染症にかかっていること、かかっているおそれがあること
　又はかかっていたことを理由として、不当な差別、偏見、誹謗中
　傷などの人権の侵害をしてはならない。

第4条（市の責務）市は、教育活動、広報活動等を通じた感染症に
　関する正しい知識の普及、感染症に関する情報の収集、整理、調
　査及び提供に努めなければならない。

2　市は、感染症の患者等の人権を擁護するため、必要な施策を講
　じるとともに、国及び他の地方公共団体と相互に連携し、及び協
　力するものとする。

第5条（市民の責務）市民は、感染症に関する正しい知識を持つとと
　もに、感染症の患者等の人権の侵害をすることのないよう十分に
　配慮し、感染症の患者等を地域社会で孤立させないよう努めなく
　てはならない。

第6条（事業者の責務）事業者は、感染症に関する正しい知識を持つ
　とともに、自らの行う事業において、感染症の患者等の人権の侵
　害をすることのないよう十分に配慮しなければならない。

2　事業者は、従業員に対し、感染症に関する正しい知識の普及に
　努めなければならない。

第7条（感染症の患者等への支援）市は、感染症の患者等からの相談
　を受ける窓口を設置するものとする。

2　市は、感染症の患者等が安心して暮らすことができる地域社会
　の実現のため、感染症の患者等からの相談に応じ、必要な情報の

提供及び助言を行う。

3　前2項に規定するもののほか、市長は、感染症の患者等に対し、必要な支援をすることができる。

第8条（委任）この条例の施行に関し必要な事項は、市長が別に定める。

附則　この条例は、公布の日から施行する。

「部落差別解消推進法」や「ヘイトスピーチ解消推進法」などがモデルにされているといえる。本条例の実効性については、大きく言って、二つの問題がある。第3条で、「何人も、感染症の患者等の人権を最大限に尊重し、感染症にかかっていること、かかっているおそれがあること又はかかっていたことを理由として、不当な差別、偏見、誹謗中傷などの人権の侵害をしてはならない」と謳(うた)っているが、罰則その他、それを担保する規定は置かれていないという点がそのひとつである。「市民は、感染症に関する正しい知識を持つとともに、感染症の患者等の人権の侵害をすることのないよう十分に配慮し、感染症の患者等を地域社会で孤立させないよう努めなくてはならない」（第5条）、「事業者は、感染症に関する正しい知識を持つとともに、自らの行う事業において、感染症の患者等の人権の侵害をすることのないよう十分に配慮しなければならない」（第6条第1項）と規定しているが、これで差別防止が図れるかというと難しい。その意味では、本条例は、部落差別解消推進法やヘイトスピーチ解消推進法などと同様に、「理念法」という性格が強い。

　もっとも、処罰型ではなく、いわば理解促進型でコロナ禍差別の防止を図ろうとしているといえるのかもしれない。その場合には、差別防止のための人権教育・啓発と、被害救済のための人権相談の充実がポイントとなる。本条例でも、「市は、教育活動、広報活動等を通じた感染症に関する正しい知識の普及、感染症に関する情報

の収集、整理、調査及び提供に努めなければならない」(第4条第1項)や、「市は、感染症の患者等からの相談を受ける窓口を設置するものとする」(第7条第1項)といった規定を置いている。しかし、規定はそれだけで、実効性のある人権教育・啓発の実施について、あるいはまた実効性のある人権相談の実施についての具体的な規定は見当たらない。

　問題の二つめは、本条例には法律の裏づけがないという点である。「福岡県部落差別事象の発生の防止に関する条例」(1995年制定、2019年一部改正)は、部落差別解消推進法の制定を受けて一部改正されており、「川崎市差別のない人権尊重のまちづくり条例」(ヘイトスピーチ禁止条例)(2019年)もヘイトスピーチ解消推進法の制定を受けてのものである。これに対し、那須塩原市新型コロナウイルス感染症患者等の人権の保護に関する条例の場合は、これに対応する、たとえば、「コロナ禍差別解消法」(仮称)といった法律は制定されていない。法律の裏づけのない条例ということで、理念型条例という性格はより強いものがある。

　もっとも、コロナ禍差別解消法(仮称)といった法律は制定されていないとしても、仮に包括的な差別禁止法が制定されていたとすれば、那須塩原市条例の果たす役割ももう少し変わったものになったと思われる。包括的な差別禁止法の裏づけを得ることによって、もう少し実効的なものになり得たからである。

包括的な差別禁止法制定の必要性

国際人権機関からの勧告

　包括的な差別禁止法について、日本政府はこれまでも再三、国際人権機関による勧告を受けてきた。

　2001年の国連人権規約(社会権)委員会の第2回日本政府報告書に対する最終見解(concluding observation)は、差別禁止法につい

て次のように勧告している。

「委員会は、締結国が、規約第2条2項に挙げられた差別禁止の原則は絶対的な原則であり、客観的な基準に基づく区別でない限り、いかなる例外の対象ともなり得ないという委員会の立場に留意するよう要請する。委員会は、締結国がこのような立場に従って、差別禁止立法を強化するよう強く勧告するものである」(39項)

日本弁護士会はこの最終見解の発表を受けて、同年9月6日付で、日本がこの規約の批准国として、この規約の実施義務を負い、また委員会から勧告された点について改善すべき義務を負うこと、委員会が指摘した諸問題について日本政府が誠意をもって解決し、社会権規約の実施に向けて努力することを強く求めた。

1965年の第20回国連総会において採択され、1969年に発効した人種差別撤廃条約、あるいは、1979年の第34回国連総会において採択され、1981年に発効した女性差別撤廃条約、さらには1989年の第44回国連総会において採択され、1990年に発効した子どもの権利条約は、日本についても発効している。それぞれの条約委員会は差別禁止法の制定を批准国に対し求めており、日本も国連から繰り返し、国内の法整備について勧告されている。

たとえば、女性差別撤廃委員会が2009年8月に採択した総括所見、人種差別撤廃委員会が2010年4月に採択した総括所見、子どもの権利委員会が2010年6月に採択した総括所見などがそれである。

人種差別撤廃委員会の上記総括所見のうち、差別禁止法の制定に係る部分「人種差別を禁止する包括的な特別法の不在」は、次のようなものであった。

「8．委員会は、いくつかの法律が人種差別に対する条文を含んでいることに留意しつつも、締約国において人種差別行為や人種差別事件が起き続けていること、および、被害者が人種差別に対し適切な法的救済を求めることを可能とする包括的な人種差別禁止特

別法を未だ締約国が制定していないことについて、懸念する（第２条）」「委員会は、締約国に対して、人種差別の被害者が適切な法的救済を求めることを可能とし、条約１条および２条に準拠した、直接的および間接的な人種差別を禁止する包括的な特別法を採択するよう促す」

個別の法規制だけでは不十分

　個別的なマイノリティ差別についての個別の差別禁止法としては、「障害者差別解消法」のほか、部落差別解消推進法や、「本邦外出身者に対する不当な差別的言動の解消に向けた取組の推進に関する法律」（ヘイトスピーチ解消推進法）が制定されている。しかし、それだけでは不十分である。

　包括的な差別禁止法の制定が必要な主な理由の第一は、加害者側と被害者側とでは、マイノリティ差別についての認識が大きく異なるという点にかかわる。

　加害者側においては、客観的には差別を行っているにもかかわらず、「差別はしていない」と弁解するどころか、「むしろ正しいことをしているのだ」と強弁する場合も少なくない。

　「正しい」とされる論拠は多種多様であるが、そのほとんどはかつての「地動説」に対する「天動説」のように、「私はそう思わないから」といった類の「個人的な価値観」に基づく正当化にすぎない。しかし、「私はそう思わないから」といって、差別が「差別でなくなる」ということはあり得ない。

　にもかかわらず、加害者側が社会では多数を占めるために、多数決では、この客観的な論拠を欠く「個人的な価値観」が「社会の価値観」とみなされてしまったり、あるいは、「差別した」「差別していない」の水掛け論に持ち込まれてしまうことが多い。加害者側の「多数者の論理」が横行しがちである。

これを防止するためには、多数者もしたがわなければならない、客観的な価値（観）に基づく「共通の尺度」を用意する必要がある。これを用意するのが、差別禁止法ということになる。

　理由の第二は、日本国憲法は、国・自治体の行政について「法治主義」を求めており、国・自治体がマイノリティ差別を防止し、なくすための施策を講ずるに当たって、その法的根拠が必要になるという点である。

　施策には「人、物、お金」などが必要となる。この人、物、お金等の充当を国・自治体に義務づけるのも法の役割ということになる。いくら制度が用意されても、人、物、お金が用意されていないために、絵に描いた餅に終わっている制度も少なくない。

　理由の第三は、当事者参加にかかわる。施策の決定及び運用過程への当事者の参加を保障するためには、差別禁止法を法制化し、そのなかで、当事者参加の明文規定を置くことが欠かせない。

　こういうと、個別の差別禁止法を法制化すれば、問題を解決できるのではないかという意見があるかもしれない。確かに、個々のマイノリティ差別に特有の問題については、個別の差別禁止法で対応するということが重要となる。個別の差別禁止法の役割は大きなものがある。

　しかし、だからといって、包括的な差別禁止法がいらないということにはならない。たとえば、あるマイノリティ差別が別のマイノリティ差別につながっていくといった「差別の連鎖」の問題、あるいは、あるマイノリティ差別と別のマイノリティ差別が複合的に存在するといった「複合差別」の問題については、個別の差別禁止法では対応が難しいからである。

　マイノリティ差別の取り組みにおいて、どのマイノリティ差別かによって「格差」（制度のデコボコなど）があるとすれば、当事者間に対立・分断が持ち込まれかねず、そのことによって、全体的な取

り組みの前進が遅れるといった問題も生じ得る。これを防ぐというのも、包括的な差別禁止法を法制化する意義ということになる。共通の問題については、共通のルールが必要となる。

　あるマイノリティ差別については被害者の側だが、別のマイノリティ差別については加害者の側だということも少なくない。当事者参加に当たっては、この点に留意することが欠かせない。この点も、包括的な差別禁止法の規律対象となる。

マイノリティ差別に関する立法、行政、司法等の動き

　包括的な差別禁止法の法制化に当たっての具体的な論点は資料編（118頁から）にゆずり、最後に個別法と司法や行政などの各分野の動向を概観していきたい。マイノリティ差別の防止・救済に当たって、それだけでは不十分だが、個別法を制定した意味は大きい。

LGBT

「LGBT差別禁止法」は、与党から異論が噴出したために、今国会（2021年1月18日〜6月16日）への提出が見送られたが、2021年3月17日の札幌地裁判決は、同性婚を法律上、認めないのは、「法の下の平等」を定めた憲法第14条に違反すると判示した。たとえ確定したとしても判例性を持たない下級（地裁）審判決であるために、判示を定着させるためには法律でその旨を明記する必要があるということになる。

インターネット

　また、近時の法制化の動きとしては、インターネット関係のものが目につく。インターネット上の誹謗中傷を受けた被害者の迅速な救済に向け、匿名の投稿者を特定しやすくする改正「プロバイダ責任制限法」が、2021年4月21日、参院本会議で全会一致により可決、

成立した。施行は2022年秋頃とされる。従来は、投稿者の特定に手続きが2回必要だったが、新たな裁判手続を創設し、1回で完結するよう改められた。

障がい者

障害者差別解消法の改正法案も、2021年5月28日の参議院本会議で、全会一致で可決成立した。この法改正で、民間事業者の合理的配慮の提供が義務化された。施行期日は3年を超えない範囲ということとされている。今後は、内閣府の障害者政策委員会に舞台を移し、「障害を理由とする差別の解消の推進に関する基本方針」の見直しが行われることになる。

自治体の条例制定

自治体の動きも特筆されるものがある。差別の禁止と多様性の尊重を謳う五輪憲章の理念を都民に浸透させ、「人権都市・東京」を実現するため、LGBT差別の禁止や人種・民族差別の禁止を盛り込んだ「東京都オリンピック憲章にうたわれる人権尊重の理念の実現を目指す条例（人権尊重条例）」が、2018年10月5日、東京都議会で可決・成立した。都道府県としては初めてのことである。

また、東京都国立市では、さまざまな差別を包括的に禁止する初めての人権条例である「国立市人権を尊重し多様性を認め合う平和なまちづくり基本条例」が2018年12月に制定され、2019年4月から施行されている。

福岡県も、前述したように、部落差別の解消を推進し、もって部落差別のない社会を実現するため、1995年に制定した「福岡県部落差別事象の発生の防止に関する条例」を改正し、部落差別解消推進法に定められた基本理念や相談体制の充実、教育・啓発の推進などの規定を新たに加えた「福岡県部落差別の解消の推進に関する条

例」を2019年３月に制定した。

　ヘイトスピーチなど差別的な言動を禁止するため、全国で初めて刑事罰を盛り込んだ条例案が、2019年12月、神奈川県川崎市議会で可決、成立した。市の勧告や命令に従わず、差別的な言動を三度繰り返した場合、最大50万円の罰金が科されることになった。

　新型コロナウイルス感染者や医療従事者への差別や偏見を防ごうと、差別禁止の条例を制定する自治体も増えている。2021年７月16日現在、27を超える自治体が条例を制定している。下妻市、上野原市、那須塩原市、栗原市、長門市、白河市、美郷町、河内長野市、藤岡市、安中市、邑楽町、伊達市、弥彦村、高野町、白石市、山県市、東松島市、小牧市、和歌山県、多賀城市、川崎町、加東市、つくばみらい市、根室市、那須町、石川県及び加西市の条例がそれである。

司法

　司法にも動きが見られる。兵庫県丹波篠山市の同和地区とされる地域を撮影した動画がインターネット上で公開され、名誉やプライバシーを侵害されたとして、市と地元自治会長が、「ニコニコ動画」を運営する「ドワンゴ」（東京）に動画の削除を求める仮処分を申し立てた。神戸地裁柏原支部は、2021年２月９日付で、削除を命じる決定を下した。

　Uターンした大分県宇佐市の集落で自治会加入が認められないなど、村八分のような差別的扱いを受けたとして、男性（72歳）が市と歴代区長（自治委員）ら３人に計330万円の損害賠償を求めた訴訟で、大分地裁中津支部（志賀勝裁判長）は、2021年５月25日、区長らの行為を「社会通念上許される範囲を超えた村八分」に当たると認め、３人に計110万円などを支払うよう命じる判決を言い渡した。

　2017年に神奈川県の東名高速道路であおり運転を受けた夫婦が死

亡した事故をめぐり、無関係の会社をインターネット上で中傷したとして名誉毀損の罪に問われた投稿者の男性被告（54歳、埼玉県川越市）の控訴審判決で、福岡高裁（半田靖史裁判長）は、2021年５月26日、罰金30万円とした2020年12月の第一審の福岡地裁小倉支部判決を支持し、被告の控訴を棄却した。

　上川陽子法相は、2021年９月16日、インターネット上の誹謗中傷対策で「侮辱罪」（刑法231条、法定刑は拘留または科料）に懲役刑を導入する刑法改など３件の検討を法制審議会に諮問した。

企業

　企業の動向についても触れておきたい。貧困や気候変動など世界が直面する課題解決のため、2015年に採択された「持続可能な開発目標（SDGs）」を事業計画に盛り込む企業が増えているが、金融庁と東京証券取引所は、2021年６月に施行する上場企業への「コーポレートガバナンス・コード」（企業統治指針）に人権を尊重するよう求める規定を盛り込むことにした。中国のウイグル族の人権侵害で対中制裁に踏み切った欧米の投資家を中心に問題意識は高まっていることを受けたものである。日本企業の人権意識が低いとみなされれば投資対象から外れるリスクがあり、指針を通じて自発的な対応を促すという。

行政

　法務局人権擁護部長・地方法務局長宛の法務省人権擁護局調査救済課長名の依命通知「インターネット上の同和地区に関する識別情報の摘示事案の立件及び処理について」（法務省権調第123号）が平成30年（2018年）12月27日付で発出されている。通知によると、次のように指示されている。

　「特定の者を同和地区の居住者、出身者等として識別すること自

体が、プライバシー、名誉、不当に差別されない法的利益等を侵害するものと評価することができ、また、特定の者に対する識別ではなくとも、特定の地域が同和地区である、又はあったと指摘する行為も、このような人権侵害のおそれが高い、すなわち違法性のあるものであるということができる。このように、特定の地域が同和地区である、又はあったと指摘する情報を公にすることは、その行為が助長誘発目的に基づくものであるか否かにかかわらず、また、当該地域がかつての同和地区であったか否かにかかわらず、人権擁護上許容し得ないものであり、その点で、他の識別情報と性質を異にするものである。したがって、『○○地区は同和地区であった（ある）。』などと指摘する識別情報の摘示は、原則として削除要請等の措置の対象とすべきである。各局においては、この種の情報について、上記の考え方に基づき、適切に立件・処理されたい」

　「もっとも、特定の地域が同和地区である、又はあったと指摘する情報であっても例外的に削除要請等の措置を講じるのが相当でない場合も考えられないではない。例えば、学術、研究等の正当な目的による場合であって、かつ、個別具体的な事情の下で、当該情報の摘示方法等に人権侵害のおそれが認め難い場合や、社会通念上、当該情報を公表する合理的な理由が認められる場合等である。このような例外に該当するか否かについては、個別の事案ごとに実質的に判断する必要があるので、各局においては、人権侵犯事件調査処理規程第22条に基づく報告を行うことはもとより、立件の可否について疑義がある場合には、事前に当課宛て照会されたい」

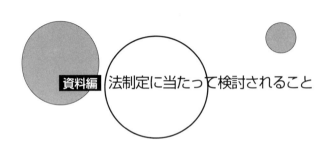

資料編 法制定に当たって検討されること

　第2部において、ハンセン病差別・コロナ禍差別に焦点を当てながら、「包括的差別禁止法」制定の必要性を述べた。それでは、実際には、どのようなことを法制定の際に検討すべきだろうか。「差別」とは何か、何が「差別」に当たるのかといった「差別の定義」や、被差別の立場にあるマイノリティ当事者が「私たち抜きに私たちのことを決められない」ための「当事者参加の保障」のありようなど、考えるべきことは多い。

　たとえば、次の①から⑬までのことがあげられる。

①差別の定義
②差別の禁止
③国・自治体の責任・責務
④国会・裁判所の責任・責務
⑤民間企業等の責任・責務
⑥国民の責任・責務
⑦被害実態調査
⑧同調査に基づく定義等の見直し
⑨相談窓口
⑩人権教育啓発
⑪救済機関
⑫自治体条例の役割
⑬当事者参加の保障

　これらのことは法制定時に検討されるべきことであるが、今からこれらのことを考えていくことは、あらためて法制定の必要性を認識することでもある。
　以下、①から⑬までについて、どのような内容を盛り込むべきかを述べていくが、既成の事実ではなく、あくまでも立法の際に参考にしてもらいたい資料という位置づけである。
　また、差別禁止法制定に向けてすでに動いている諸外国の状況を最後に紹介する。

①差別の定義
1965年の第20回国連総会において採択され、1969年に発効し、日本も1995年

に加入した人種差別撤廃条約の第 1 条第 1 項が、多くの人によってしばしば援用されているように、差別の定義においても参考になると思われる。同項は、「この条約において、『人種差別』とは、人種、皮膚の色、世系又は民族的若しくは種族的出身に基づくあらゆる区別、排除、制限又は優先であって、政治的、経済的、社会的、文化的その他のあらゆる公的生活の分野における平等の立場での人権及び基本的自由を認識し、享有し又は行使することを妨げ又は害する目的又は効果を有するものをいう」と規定しており、「差別する理由」「加差別行為の内容」「差別の目的又は効果」から構成されている。差別を禁止するという法の趣旨に照らすと、これらの構成要素のなかでも、「加差別行為」が重要で、「加差別」の行為規制に焦点を当てて「差別」を定義することとなろう。

　ただし、同項の定義をそのまま使えるかというと、無理だといえる。同項の定義では、「性」や「障害」に基づく差別は含まれていないからである。包括的な差別禁止法における「差別」の定義に当たっては、この点を補うことが必要となる。たとえば、賃貸住宅における入居差別といった「国籍」差別についても、禁止される差別の対象となる旨を明示することが必要となろう。

　障害者権利条約では、「直接差別」「間接差別」といった作為のほか、「合理的な配慮」の欠如という不作為も差別に当たるとしている。この「合理的な配慮」の欠如も、差別に当たるということを包括的な差別禁止法においても規定することも検討課題となろう。「障害」についての社会モデルを援用すると、「障がい者」以外のマイノリティの多くも、「合理的な配慮」の欠如という意味での不作為の差別を受けているからである。

　問題は、ハラスメントと差別との関係である。ハラスメント（Harassment）とは、性別や年齢、職業、宗教、社会的出自、人種、民族、国籍、身体の特徴、セクシュアリティなどの属性、あるいは広く人格に関する言動などによって、相手に不快感や不利益を与え、その尊厳を傷つけることをいう。ハラスメントとしては、次のような類型が問題となっている。

①セクシュアル・ハラスメント
　本人が意図する、しないにかかわらず、相手が不快に思い、相手が自身の尊厳を傷つけられたと感じるような性的発言・行動をいう。

②アカデミック・ハラスメント
　研究教育の場における権力を利用した嫌がらせで、嫌がらせを意図した場合はもちろん、上位にある者が意図せずに行った発言・行動も含まれる。

③パワー・ハラスメント
　たとえば、同じ職場で働く者に対して、職務上の地位や人間関係などの職場内の優位性を背景に、業務の適正な範囲を超えて、精神的・身体的苦痛を与えるまたは職場環境を悪化させる行為をいう。

④ジェンダー・ハラスメント
　性に関する固定観念や差別意識に基づく嫌がらせなどを指す。女性または男

性等という理由のみで性格や能力の評価や決め付けを行うことで、広義のセクシュアル・ハラスメントとされる。

⑤キャンパス・ハラスメント

　キャンパスでの人間関係において学生に対し行われるハラスメントをいう。

⑥ドクター・ハラスメント

　医師や看護師をはじめとする医療従事者の患者や患者家族に対する心ない発言や行動を指す。

⑦モラル・ハラスメント

　言葉や態度、身振りや文書などによって、働く人間の人格や尊厳を傷つけたり、肉体的、精神的に傷を負わせて、職場を辞めざるを得ない状況に追い込んだり、職場の雰囲気を悪くさせることをいう。

⑧アルコール・ハラスメント

　飲酒の強要、イッキ飲みの強要、意図的な酔いつぶし、酔った上での迷惑な発言・行動を指す。

⑨スモーク・ハラスメント

　喫煙者が非喫煙者に与える害やタバコにまつわる不法行為全般を指す。

⑩カスタマー・ハラスメント

　消費者・顧客の立場を利用して、理不尽な要求や謝罪を強要することを指す。

　ハラスメントが与える「不快感」や「不利益」は、主観的な面が占める比重が高く、個人差がきわめて大きい。そのために、パワー・ハラスメントにしても、セクシュアル・ハラスメントにしても、同じ言動であっても、Aさんに対してはハラスメントが成立するが、Bさんに対しては成立しないということもあり得る。同じAさんについても、昨日の言動はハラスメントの成立が認められないのに対し、今日の言動は認められるという場合も考えられる。ハラスメントが成立するかどうかの判断に当たっては、対象者の主観が決定的な判断材料となる。

　これに対し、狭義の人権侵害の場合は、客観的な要素の占める割合が大きいために、個人差はあまり出ない。同じ行為から発生した場合は、同じ結果となる。Aさんに対しては人権侵害となるが、Aさんと同じ属性（人種・障害・性的指向等）を持つBさんに対しては人権侵害とならない、といったケースはあまり考えられない。

　このようにハラスメントと狭義の人権侵害とは構造が異なるために、広義の人権侵害としてハラスメントを人権侵害のなかに包摂するかが問題となる。近時は、当事者の方から、マイノリティ・ハラスメントについても、広義のマイノリティ差別として、狭義のマイノリティ差別の禁止法のなかで、禁止規定を置いてほしいとの要望が寄せられている。フランス刑法典は、その第222-33-2条で、モラル・ハラスメント罪を定め、セクシュアル・ハラスメント罪についても、行為の反復性を要件としているが、対価型のセクシュアル・ハラス

メントについては、反復性の有無を問わず、同罪とみなすと規定している（本稿末尾にフランス刑法とハラスメントの関係の説明を置く）。

　法制化に当たっては、セクシュアル・ハラスメントやその他のハラスメントも差別に含まれるとして、包括的な差別禁止法にいう「差別」を定義するのか、差別禁止法でハラスメントを禁止するものの、差別とは異なる類型として禁止するのか、あるいは、包括的な差別禁止法では取り扱わないで、個別のハラスメント禁止法を法制化し、そこで禁止するのかが論点となる。

　セクシュアル・ハラスメントについては、アメリカ連邦最高裁判所が、1986年、ヴィンソン事件判決において、それが「公民権法」7編の性差別に当たると判示している。また、イギリスでも、1986年以来、アメリカと同様に、判例上、セクシュアル・ハラスメントは1975年の「性差別禁止法」第1条（a）（1）にいう性差別に当たると解釈されている（山崎文夫「各国ハラスメント法制と我が国の現状」『日本労働研究雑誌』712号〔2019年〕64頁以下等を参照）。

　しかし、ハラスメントを差別禁止法の規制対象に含めるかについては、異なる意見が出されている。2012年4月27日に開催された「障がい者制度改革推進会議差別禁止部会」第17回会議でも、次のような発言がみられた。

　「ハラスメントを差別禁止法に入れるべきだ。それは、差別もハラスメントも人の尊厳に対する中傷、人権侵害であり、共に禁止されるべき行為だからだ。また、差別禁止法は人権侵害をなくすことが目的だから、差別と同様の影響を及ぼすハラスメントは入れるべきだ。ただし、入れ方については議論が必要だろう。ハラスメントについては状況に応じて改正し、より強化することになる。障害者は多くのハラスメントを受けているという現状があるため、差別禁止法のなかにこれを盛り込むことが当事者の声だ」

　「まず差別とハラスメントの関係を整理する。これまで差別について問題にしたのは、他の人には一定のことをする、あるいはしないのに、障害者にはそれと違うことをするということだった。ハラスメントはそもそも権利を侵害する行為であり、誰に対してもしてはいけないことだ。従って、差別とハラスメントは概念として区別すべきだ。次に障害者差別禁止法にハラスメントを盛り込むべきかどうかについて整理する。他の人に当てはまるルールを障害者にも当てはまるようにすることを差別禁止法の目的にするなら、ハラスメントをこの法律に入れると本来の目的が実現できなくなるおそれがある。一方、障害者の人格を害するという点では差別もハラスメントも同じなので、差別禁止法のなかに差別とは異なる類型としてこれを対象に含めるという考え方もあり得るのではないか。最後に、ハラスメントを差別禁止法に入れた場合のことについて整理する。ヨーロッパでは差別を平等取扱い違反とした上で、ハラスメントをそれに含めるとする規定がある。ただし、平等取扱いについては正当な理由がある場合については例外とするというルールがあるが、ハラスメントは正当な理由による例外が当てはまらない仕組みになっている。仮に、ハラスメントを差別禁止法のなかに入れるのであれば、平等取扱いとは構造が違うため、除

外事由等に関しては別枠で適切に定める必要がある」

　これらの発言もあって、「障害者差別解消法」にいう「差別」では、ハラスメントはひとまず対象の外に置かれている。包括的な差別禁止法の場合はどうするかが問題となる。

　差別の定義に当たっては、理解を鮮明化するために、「差別事案」を列挙した上で、定義規定を置くかどうかも問題となる。網羅的に行おうとすると、定義規定があまりにも長くなり過ぎて、かえって理解の妨げになるという難点も生じる。その反面、簡単な列挙にとどめると、誤解が生じかねない。この調整をどう図るか。

　この調整のためにも、「差別」の定義に当たっては、包括的な差別禁止法と個別の差別禁止法を併用するという方式が有効となる。各マイノリティ差別に共通の差別事案については包括的な差別禁止法で示し、個々のマイノリティ差別に独自の事案については個別の差別禁止法で示すといった方法がそれである。

　差別の定義規定については、被害実態調査を踏まえて、「差別」概念の内容の詳細化、精密化を図る旨の規定を置くことも欠かせない。

　「差別」の定義規定に基づいて、差別の存否が認定されることになるが、この認定の手続については、憲法第31条の保障する「適正手続」の要請を満たすことが求められる。その際、被害当事者の立証責任を緩和する旨の規定を置くことも検討されなければならない。差別が存在し、差別被害も発生しているにもかかわらず、差別の存在とこの差別被害との因果関係を証明するための証拠を集めることができないために、あるいは集めたとしても、裁判ではその証拠では不十分だとして、被害が救済されない、ひいては再発を防止し得ないという事態も生じているからである。被害者と加害者に同等の立証責任を負わせるということ自体、不平等ということになろう。

②差別の禁止

　差別被害を受ける対象は当該マイノリティ本人に限られない。その周辺の人たちにも及ぶ。たとえば、みなし差別に関しては、著名な野党政治家について、朝鮮半島出身者であるとする虚偽の記事を執筆し、掲載したことは名誉毀損に該当するとして損害賠償を命じた裁判例（神戸地裁尼崎支部平成20年11月13日民二部判決、『判例時報』2035号122頁以下）が見られる。関係者差別についても、熊本地裁は2019年6月28日の判決で、ハンセン病患者の家族に対する偏見・差別について、厚生（労働）大臣、法務大臣及び文部（科学）大臣の作為義務違反、並びに国会の立法不作為を認定した。この「みなし差別」や「関係者差別」も禁止する旨を規定に盛り込むことが必要となろう。

　「複合差別」の禁止も、禁止規定を置くことが問題となる。たとえば、白人女性と黒人女性は同じく性差別の被害者であるが、黒人女性の方が人種と性の二重差別によって、より大きな被害を受ける立場にある。しかし、法的には、

人種差別と性差別は別類型の差別なので、それらが重複しているからといって特別な救済がなされるわけではない。裁判では、黒人女性は、性差別か人種差別のいずれかを選択して提訴するしかない。いずれかの差別として救済されればよいが、実際には、どちらの差別にも該当せず、救済されないというケースも生じ得る。

　複合差別は、たとえば、黒人女性が人種を理由に昇進を拒否され、その後、今度は女性であることを理由に昇進を拒否されたような「通常の複合差別」の場合と、たとえば、黒人も女性も昇進させたくない使用者が黒人女性の昇進を拒否して、代わりに白人男性を昇進させたような「付加的差別」の場合と、たとえば、黒人女性は昇進において差別されたが、白人女性と黒人男性は昇進したような「交差的な複合差別」の場合とに分けて論じられている。「通常の複合差別」の場合、１回目の差別は人種差別、２回目の差別は女性差別として法的に対応することができる。「付加的差別」の場合も、人種差別か女性差別かのいずれかであるとして法的に対応することができる。しかし、「交差的な複合差別」の場合は、人種差別とも女性差別とも評価されない場合が生じ得る。使用者が白人女性は昇進していることを立証すれば、性差別が否定され、黒人男性は昇進していることを立証すれば、人種差別が否定されてしまうからである。「交差的な複合差別」には、救済を可能にするために、イギリスの2010年「平等法」の「結合差別」禁止条項のように、法文上、特別な禁止規定を設ける必要があると指摘されている理由である（浅倉むつ子「包括的差別禁止立法の意義―イギリス2010年平等法が示唆すること」山田省三他編『労働法理論変革への模索―毛塚勝利先生古稀記念』信山社、2015年、581頁以下等を参照）。

　包括的な差別禁止法における差別禁止規定を補充するために、個別の差別禁止法において「差別」禁止規定を置くことを妨げない旨の規定を置くことのほか、包括的な差別禁止法で禁止される「差別」行為が刑法第230条（名誉毀損）その他の罰条に該当する場合は、当該罰条により罰する旨の規定を置くこと、さらには、包括的な差別禁止法で禁止される「差別」行為が民法第709条（不法行為による損害賠償）その他の法条に該当する場合は、当該法条により損害賠償の責任を負う旨の規定を置くことも忘れてはならないであろう。

　これらに加えて、差別の禁止規定を定めるに当たってポイントとなることは、規定の運用主体は誰かという点である。パリ原則に基づく国内人権機関による法運用が想定されるとすると、「差別」禁止も処罰型ではなく、理解促進型で運用されることになろう。

　一方で、差別禁止の実効性を担保するために、罰則の使用も検討されなければならない。ただし、罰則には副作用の面もある。日本国憲法の謳う罪刑法定原則、明確性原則等が適用されるために、罰則の使用に当たっては、処罰される差別言動を明確に法律で限定することが求められる。そうすると、「法の網」をかいくぐる差別言動が現れ、それは法的には禁止されておらず、「やってもかまわない」といった主張を逆に生みかねないことなどが、それである。処罰

の使用はプラスとマイナスをよく検討した上で決められなければならない。

　そうすると、処罰の使用は、悪質な確信犯（扇動犯）ないし常習犯を対象とすることが適当ではないかと思われる。その場合、処罰の根拠は、名誉毀損罪等といった個人的法益に対する罪という点にではなく、ドイツ刑法第130条の民衆煽動罪に見られるような「公共危険罪」といった点に求めることが適当であろう（櫻庭総『ドイツにおける民衆扇動罪と過去の克服　人種差別表現及び「アウシュヴィッツの嘘」の刑事規制』福村出版、2012年、金尚均『差別表現の法的規制―排除社会へのプレリュードとしてのヘイト・スピーチ』法律文化社、2017年等を参照）。調査の実効性を担保するために、人権擁護法案に盛り込まれていたような、次のような規定の挿入も検討されてよい（本稿末尾に人権擁護法案の第42条を置く）。

第44条第1項　人権委員会は、第42条第1項第1号から第3号までに規定する人権侵害（同項第1号中労働者に対する職場における不当な差別的言動等を除く。）又は前条に規定する行為（以下この項において「当該人権侵害等」という。）に係る事件について必要な調査をするため、次に掲げる処分をすることができる。
　一　事件の関係者に出頭を求め、質問すること。
　二　当該人権侵害等に関係のある文書その他の物件の所持人に対し、その提出を求め、又は提出された文書その他の物件を留め置くこと。
　三　当該人権侵害等が現に行われ、又は行われた疑いがあると認める場所に立ち入り、文書その他の物件を検査し、又は関係者に質問すること。
第88条　次の各号のいずれかに該当する者は、30万円以下の過料に処する。
　一　正当な理由なく、第44条第1項第1号（第70条又は第76条において準用する場合を含む。）の規定による処分に違反して出頭せず、又は陳述をしなかった者
　二　正当な理由なく、第44条第1項第2号（第70条又は第76条において準用する場合を含む。）の規定による処分に違反して文書その他の物件を提出しなかった者
　三　正当な理由なく、第44条第1項第3号（第70条又は第76条において準用する場合を含む。）の規定による処分に違反して立入検査を拒み、妨げ、又は忌避した者
　四　正当な理由なく、第51条（第71条第2項又は第77条第2項において準用する場合を含む。）の規定による出頭の求めに応じなかった者

　このほか、罰則ではないが、差別助長行為等の差止請求訴訟に関する規定（第65条）、すなわち、「人権委員会は、第43条（差別助長行為＝筆者注）に規定する行為をした者に対し、前条第一項の規定による勧告をしたにもかかわらず、その者がこれに従わない場合において、当該不当な差別的取扱いを防止するため必要があると認めるときは、その者に対し、当該行為をやめるべきこと又は

当該行為若しくはこれと同様の行為を将来行わないことを請求する訴訟を提起することができる」といった規定も検討に値しよう。

③国・自治体の責任・責務

　マイノリティ差別を撲滅できない理由の大きな一つと考えられるのは、自治体の取り組みがバラバラで、格差が見られるという点である。たとえ包括的な差別禁止法を法制化したとしても、このバラバラ状態を放置したままでは、禁止法の効果は半減してしまう。それを避けるためにも、国・自治体の責任・責務については、次のようなことが検討課題となろう。

・たとえば、ハンセン病差別の作出・助長などに見られるように、国及び自治体は、差別の作出・助長等についての加害者責任に基づいて差別防止義務を負う場合もあることから、本差別禁止法を積極的に活用して差別の解消に取り組む責任を有する旨の規定を置くこと。
・国は、本差別禁止法の積極的な運用に関し、基本方針及び基本計画を定め、自治体は、国の基本方針及び基本計画に応じて基本計画を定める旨の規定を置くこと。
・国は、自治体の取組について、不十分な場合は必要な指導ないし支援を行う旨の規定を置くこと。
・国は、上記の責任により、国内人権機関の活動に対し予算その他で協力しなければならない旨の規定を置くこと。
・国は、「差別」問題の本質などを踏まえた、本法の意義及び積極的運用等に関する国家公務員の研修を定期的に実施する旨の規定を置くこと。
・本法に盛り込むことができなかった個別の「差別」問題についての国及び自治体の取組とそのための基本方針及び基本計画については、個別の差別禁止法において定める旨の規定を置くこと。

　1999年6月に公布・施行された「男女共同参画社会基本法」は次のように規定している。

第13条第1項　政府は、男女共同参画社会の形成の促進に関する施策の総合的かつ計画的な推進を図るため、男女共同参画社会の形成の促進に関する基本的な計画（以下「男女共同参画基本計画」という。）を定めなければならない。
2　男女共同参画基本計画は、次に掲げる事項について定めるものとする。
　一　総合的かつ長期的に講ずべき男女共同参画社会の形成の促進に関する施策の大綱
　二　前号に掲げるもののほか、男女共同参画社会の形成の促進に関する施策を総合的かつ計画的に推進するために必要な事項
3　内閣総理大臣は、男女共同参画会議の意見を聴いて、男女共同参画基本計画の案を作成し、閣議の決定を求めなければならない。

4 　内閣総理大臣は、前項の規定による閣議の決定があったときは、遅滞なく、男女共同参画基本計画を公表しなければならない。

　同法は、この基本計画の策定を都道府県についても義務づけている。包括的な差別禁止法で国及び自治体に義務づける基本計画の策定等についても、このような規定が参考となろう。

④国会・裁判所の責任・責務
　遅くとも1960年頃には「らい予防法」は違憲状態に陥っていたにもかかわらず、同法の廃止は1996年で、大幅に遅れた。このような教訓に鑑み、国会の責任・責務に係る規定についても、次のようなことが検討課題となろう。

・国会は、差別の作出・助長等についての加害者責任に基づいて差別防止義務を負う場合もあることから、被害実態調査等により本差別禁止法の見直しが必要となった場合等においては、積極的に見直し等を行い、「差別」禁止をより実効的に進める責務を有する旨の規定を置くこと。
・国会は、「差別」問題の本質などを踏まえた、本法の意義及び積極的運用に関する国会議員及び国会職員の研修に努める旨の規定を置くこと。

　カナダの連邦最高裁判所は、いくつかの判例で、国際人権法は準憲法的地位にあり、法令に対して優越することを明確に示し、国際人権法の性格を明らかにした上で、国際人権法の解釈に臨む裁判所の姿勢について、「国際人権法の解釈においては、その立法目的を実現するようにリベラルな解釈がなされなければならない」などと判示している。これに対し、日本の裁判所は、国際人権法の運用に必ずしも積極的ではなく、国際的な批判を受けている。2008年10月に公表された自由権規約委員会の対日審査に基づく勧告でも、「主な懸念事項及び勧告」の7において、「締約国は、規約の適用と解釈が、裁判官、検察官及び弁護士のための専門的教育の一部に組み込まれること及び規約に関する情報が下級審も含めすべてのレベルの司法機関に普及されることを確保すべきである」としている。このようなことに鑑みると、裁判所の責任・責務に係る規定についても、次のようなことが検討課題となろう。

・たとえば、ハンセン病患者に対する「特別法廷」の一律認容等に見られるように、裁判所は、差別の作出・助長等についての加害者責任に基づいて差別防止義務を負う場合もあることから、本差別禁止法を積極的に活用して差別の解消に取り組む責務を有する旨の規定を置くこと。
・裁判所は、「差別」問題の本質などを踏まえた、本法の意義及び積極的運用に関する裁判官その他の職員の研修に努める旨の規定を置くこと。

⑤民間企業等の責任・責務

　民間企業等の責任・責務を規定する場合、問題となるのは、国・自治体との関係である。差別防止に当たって、国・自治体と事業主等を「車の両輪」と位置づけ、相互に連携を図る関係にあると考えると、事業主に国・自治体の施策への協力義務を一方的に課す旨の規定を置くのは避けるべきで、事業主等の責務については、差別の解消等の推進への寄与、差別解消のための施策の重要性に関する理解、差別解消への努力を柱として規定してはどうかということになろう。また、責務の規定に当たっては、「事業主等が、差別の作出・助長等について加害者となった事実の存在に鑑み」旨の文言を挿入することも欠かせない。そのほか、個人情報の保護（アウティングの禁止）について規定することも必要となろう。

⑥国民の責任・責務

　マイノリティ差別の場合、加害者の側に回るのはマジョリティ（多数派）である。「傍観者」という名の加害者になる場合も多々見られる。許されない行為をしているにもかかわらず、そのことに気づいていない場合のほか、反対に、「正しいこと」をしていると確信して差別に与している場合も少なくない。差別防止に当たっては、このようなマジョリティにおける誤った認識をいかにしてあらためるかということが重要となる。加害者責任に基づいて差別防止に取り組む義務を負うのは、国民も国・自治体等と同様である。この点に鑑みると、国民の責任・責務に係る規定の中心を、国・自治体の施策への協力義務を課す旨に置くことは適当ではないということになろう。加害者責任に基づいて、差別の解消等の推進への寄与、差別解消のための施策の重要性に関する理解、差別解消への努力を柱として規定するというのが一案ではないか。規定に当たっては、「国民等が、差別の作出・助長等について加害者となった事実の存在に鑑み」旨の文言を挿入することも欠かせない。

⑦被害実態調査、及び⑧同調査に基づく定義等の見直し

　近時は、差別被害についての被害実態調査が、差別防止のための人権教育啓発の充実や、差別被害者の救済のための人権相談体制の充実と並んで、差別対策の柱の一つとされている。「部落差別解消推進法」も、その第6条で、「国は、部落差別の解消に関する施策の実施に資するため、地方公共団体の協力を得て、部落差別の実態に係る調査を行うものとする」と規定している。

　包括的な差別禁止法においても、複合的な差別を含む差別被害の実態を明らかにするための被害実態調査について規定することが求められる。目的・理念等に係る規定のほか、国及び自治体は、差別実態調査の基本計画及び推進計画等を策定し、調査主体として、差別実態調査を実施すること、等の規定がそれである。実効的な被害実態調査を実施するためには、当事者参加は欠かせない。この当事者参加を保障する旨の規定を置くことも課題となろう。

問題は、この実態調査に基づく法や施策の見直しで、障害者差別解消法では、被害実態調査に関する規定が本文に置かれていないが、附則の第7条で、「政府は、この法律の施行後3年を経過した場合において、第8条第2項に規定する社会的障壁の除去の実施についての必要かつ合理的な配慮の在り方その他この法律の施行の状況について検討を加え、必要があると認めるときは、その結果に応じて所要の見直しを行うものとする」と定めている。「ヘイトスピーチ解消推進法」も、附則の2で、「不当な差別的言動に係る取組については、この法律の施行後における本邦外出身者に対する不当な差別的言動の実態等を勘案し、必要に応じ、検討が加えられるものとする」と規定している。

　このような被害実態調査に基づく差別防止施策の見直しについての明文規定は、包括的な差別禁止法においても置かれて然るべきであろう。「国・自治体は、差別の実態把握を行い、その実態を踏まえた施策を実施する責務を負う」といった類の規定がそれである。

⑨相談窓口に係る規定

　ここにいう人権相談は、マイノリティ差別被害の本質と特徴を踏まえた人権相談でなければならない。そして人権相談においては、被害・名誉の救済回復や再発防止等につなげられるかが大切となる。相談者の不安の除去と出口の整理も欠かせない。相談窓口をどのように運営するかも重要となる。

　2018年に改正された厚労省の「児童相談所運営指針」では、「児童相談所の性格と任務」「児童相談所の業務」「相談の種類とその対応」「援助指針の重要性」「関係機関との連携の重要性」といった点のほか、「児童相談所の組織と職員」「相談援助活動の原則」「都道府県児童福祉審議会への意見聴取」「援助の種類」「一時保護」「事業に係る留意事項」「各種機関との連携」「児童相談所の設備」「器具、必要書類、統計」その他についても詳しく規定されている。マイノリティ差別の人権相談の運営についても参考となろう。

　「待ち」の相談窓口ではなくアウトリーチ型の態勢がとても重要で、これも検討課題となる。自治体の相談窓口に来た事案が、必要であるのに国の相談機関には回らないとか、その逆の事例も見られる。国と自治体、さらには民間の相談機関との間で、個人情報に十分に配慮しながら連携を図っていくことも検討課題となる。

　人権相談の基本は、当事者の訴えを傾聴し、正しく理解し、救済回復に結びつけていくことにある。傾聴が何よりも大事だが、正しく理解するためには、専門的な知識が必要な場合もある。マイノリティ差別の専門家のほか、法律の専門家、心理の専門家、いろいろな専門家が必要となる。チームで対応することで、より充実した相談になる。

　この専門家をどう配置するのか、あるいは専門家に対しどういうかたちで参加してもらうのかということも検討課題となる。人権相談の方法も重要で、現在では、面談や電話相談のほか、インターネットなどの活用も不可欠となる。

相談に従事する人たちには当然、守秘義務の履行が求められる。その一方で、人権救済に結びつけていくためには、調査・救済に従事する人たちに相談に係る情報をバトンタッチしていく必要がある。相談のデータを人権施策等へ生かす取り組みも重要となる。個人情報の保護と活用という、この二つの要請をどのように両立させるのかも検討課題となる。

　このように、人権相談は、人権擁護においてきわめて重要な意義を担うが、検討課題も少なくない。「共通の基準」を設けることが必要で、包括的な差別禁止法の法案化にあたっても、相談体制の充実は国及び自治体の施策の柱の一つとなる。

　2016年4月から施行された障害者差別解消法や同年6月から施行されたヘイトスピーチ解消推進法、あるいは同年12月から施行された部落差別解消推進法でも、相談体制の充実について明文規定が置かれている。

　しかし、これらの法律においては、人権相談の基本計画と推進計画、人権相談の意義ないし目的、国及び自治体の責務、人権相談の運営、人権相談の開設場所、人権相談の方法（面談、電話、インターネット、その他）、人権相談の担い手とその養成、守秘義務と相談データの人権施策等への活用、財政措置などについて規定するところはない。このままでは、相談体制の充実といっても、その実態は各自治体でバラバラという状態も生じかねない。このようなバラバラ状態は、被害救済に当たって空白地域を生じかねず、マイノリティ差別の解消を図る上で大きなマイナス要因となる。包括的な差別禁止法において人権相談に係る規定を置く場合、この点の解消がポイントとなる。次のような規定が検討されることになろう。

・国及び自治体は、複合差別を含む差別被害について被害者及びその代理人等からの相談に応じ、被害・名誉の救済回復及び再発防止等につなげることを目的として、相談窓口を整備する旨の規定を置くこと。
・国は、自治体における相談窓口の整備について、不十分な場合は必要な指導ないし支援を行う旨の規定を置くこと。
・国は、相談窓口の整備について、基本方針及び基本計画を定める旨の規定を置くこと。
・自治体は、国の基本方針及び基本計画を受けて、相談窓口の整備について基本計画を定める旨の規定を置くこと。
・相談業務の適正な計画及び遂行、整備を図るために、基本方針及び基本計画の策定、見直し、相談業務の実施に当たっては当事者参加を図る旨の規定を置くこと。

⑩人権教育啓発に係る規定

　「人権教育啓発推進法」（平成12年12月6日法律第147号）では、国及び地方公共団体に対し、基本理念（第3条）に則った人権教育・啓発に関する施策を策定

し、実施する責務（第4条及び第5条）を課すだけで、基本計画の策定は義務づけていない。部落差別解消推進法や障害者差別解消法、ヘイトスピーチ解消推進法の制定によっても、このような法的な不備は解消されていない。

　包括的な差別禁止法では、このような不備を改善し、人権教育啓発の地域間におけるバラバラ状態を解消することが求められる。そのために、次のような規定を置くことが検討されて然るべきであろう。

・国及び自治体は、「複合的な差別を含む差別被害の適正かつ迅速な救済、実効的な予防、差別禁止の理念の普及、理解を深めるための教育・啓発措置の推進等により、差別防止のための施策を総合的に推進し、もって差別のない共生社会の実現に寄与する」等の目的を実現するため、差別防止等に係る人権教育啓発を充実する責務を有する旨の規定を置くこと。
・国は、自治体における人権教育啓発の充実について、不十分な場合は必要な指導ないし支援を行う旨の規定を置くこと。
・国は、本人権教育啓発の充実について、基本方針及び基本計画を定める旨の規定を置くこと。
・自治体は、国の基本方針及び基本計画を受けて、本人権教育啓発の充実について基本計画を定める旨の規定を置くこと。
・本人権教育啓発の適正な計画及び遂行、充実を図るために、基本方針及び基本計画の策定、見直し、本人権教育啓発の実施に当たっては当事者参加を図る旨の規定を置くこと。

⑪救済機関について―国内人権機関の権限と求められる人材

　2002年3月に国会提出された人権擁護法案は、人権擁護を担う機関として、裁判所とは別に、政府から独立した国内人権機関である「人権委員会」を設置することとしていた。しかし、法案は、報道機関による人権侵害についても、出頭要求・立入検査などの特別調査を定める特別救済手続の対象としており、また、人権委員会を法務省の外局としていたことなどもあって、報道や取材の自由、人権委員会の独立性などに疑義があるとして、弁護士会のほか、報道機関・野党などが広く法案に反対した。このため、法案は、2003年10月の衆議院解散により廃案となった。

　廃案となった後の2011年3月、法務省は、政務三役の名前で、「新たな人権救済機関の設置について（基本方針）」を発表した。方針では、「人権救済機関については、政府からの独立性を有し、パリ原則（「国内機構の地位に関する原則」。末尾に説明）に適合する組織とするため、国家行政組織法第3条第2項の規定に基づき、人権委員会を設置する。新制度の速やかな発足及び現行制度からの円滑な移行を図るため、人権委員会は、法務省に設置するものとし、その組織・救済措置における権限の在り方等は、更に検討するものとする」「人権委員会については、我が国における人権侵害に対する救済・予防、人権啓発の

ほか、国民の人権擁護に関する施策を総合的に推進し、政府に対して国内の人権状況に関する意見を提出すること等をその任務とするものとする。人権委員会の委員長及び委員については、中立公正で人権問題を扱うにふさわしい人格識見を備えた者を選任するとともに、これに当たっては、国民の多様な意見が反映されるよう、両議院の同意を得て行うもの（いわゆる国会同意人事）とする」とされた。

　パリ原則の内容のうち、「責務」とされるのは、次のようなものである。

（a）　政府、議会及び権限を有する他のすべての機関に対し、人権の促進及び擁護に関するすべての事項について、関係当局の要請に応じ、又は、上位機関に照会せずに問題を審理する権限の行使を通じて、助言を与えるという立場から、意見、勧告、提案及び報告を提出すること。国内機構は、これらの公表を決定することができる。これらの意見、勧告、提案及び報告は、国内機構のあらゆる特権と同様に、以下の分野に関連するものとする。

　　（ⅰ）　人権擁護の維持及び拡張を目的とするすべての法規定又は行政規定並びに司法機関に関する規定。この関係で、国内機構は、法案や提案と同様に、現行の法律や行政規定を審査し、これらの規定を人権の基本原則に確実に適合させるために適当と考える勧告を行うものとする。必要な場合には、国内機構は、新しい法律の採択、現行の法律の改正及び行政施策の採用又は修正を勧告するものとする。

　　（ⅱ）　自ら取り上げることを決めたあらゆる人権侵害の情況。

　　（ⅲ）　人権一般に係る国内の情況及びより具体的な問題に関する報告書の作成。

　　（ⅳ）　国内で人権が侵害されている地域の情況について政府の注意を促し、そのような情況を終結させるためにイニシアティヴをとるよう要請し、必要な場合には政府の立場や対応について意見を表明すること。

（b）　当該国家が締約国となっている国際人権条約と国内の法律、規則及び実務との調和並びに条約の効果的な実施を促進し確保すること。

（c）　上述の条約の批准又は承認を促し、その実施を確保すること。

（d）　国が条約上の義務に従って、国連の機関や委員会、又は地域機構に提出を求められている報告書に貢献すること。必要な場合には、機構の独立性にしかるべき注意を払いながらもその問題について意見を表明すること。

（e）　国連及び他の国連機構の組織並びに人権の促進及び擁護の分野において権限を有する地域機構及び他国の国内機構と協力すること。

（f）　人権の教育や研究のためのプログラムの策定を援助し、学校、大学及び職業集団におけるそれらの実施に参加すること。

（g）　特に情報提供と教育を通じ、そしてすべての報道機関を活用すること

によって、国民の認識を高め、人権とあらゆる形態の差別、特に人種差別と闘う努力とを宣伝すること。

国内人権機構には、「準司法的権限」も与えられている。この「準司法的権限を有する委員会の地位に関する補充的な原則」とされるのは、次のようなものである。

国内機構に対しては、個別の情況に関する申立てないし申請を審理し、検討する権限を与えることができる。国内機構の扱う事件は、個人、個人の代理人、第三者、NGO、労働組合の連合会及びその他の代表制組織が持ち込むことができる。この場合、機構に委ねられた機能は、委員会の他の権限に関する上記の原則を変更することなく、以下の原則に基づくことができる。
　（a）　調停により、又は法に規定された制約の範囲内で、拘束力のある決定によって、また必要な場合には非公開で、友好的な解決を追求すること。
　（b）　申請を行った当事者に対し、その者の権利、特に利用可能な救済を教示し、その利用を促進すること。
　（c）　法に規定された制約の範囲内で、申立てないし申請を審理し、又はそれらを他の権限ある機関に付託すること。
　（d）　特に、法律、規則、行政実務が、権利を主張するために申請を提出する人々が直面する困難を生じさせてきた場合には、特にそれらの修正や全面改正を提案することによって、権限ある機関に勧告を行うこと。

法務省は、前述の基本方針に基づき、「人権委員会設置法案」を2012年9月に閣議決定した。特別救済手続を削除したことなどが、人権擁護法案と異なる点であった。同法案も、「本法案の人権委員会は、法務省の外局として設置され、その事務局の事務を法務省長又は地方法務局長に委任することができることとされている。人権委員会が、独立性が高いとされる国家行政組織法上のいわゆる3条委員会として設置されるとしても、僅か5名の委員（うち、常勤の委員は2名のみ）の活動を実質的に支える全国の事務局職員を、法務省の内局である法務局職員が事実上兼任することとなるおそれがある。そうなると、パリ原則の求める独立性が危うくなり、これまでの法務省人権擁護局による人権擁護行政との実質的な違いも定かではなくなる」等の批判もあって、廃案となった。
　国連のパリ原則に基づく国内人権機関の設置は、国連等から度重なる設置の勧告を受けており、委員会の独立性をどう担保するか、委員会の多彩な活動に必要な人材や予算等をどう保証するか等については、意見が分かれ得るものの、人権委員会を設置すること自体は、大方の異論のないところであろう。

問題は、パリ原則によって多種多様な権限ないし責務を付与されている国内人権機関の設置を、なぜ、包括的な差別禁止法のなかで規定するのかという点である。人権擁護法案や人権委員会設置法案といった法律で規定する方が適当ではないかという意見も十分にあり得るからである。しかし、ひるがえって考えてみると、国内人権機関の設置を包括的な差別禁止法のなかで規定することは、突飛なことでは必ずしもない。自然なことだといってもよい。マイノリティ差別の防止及び被害救済回復こそは、マジョリティ（多数者）が加害者であるがゆえに最も難しい人権問題であり、その意味で、国内人権機関が人権擁護のなかでも中心的に取り組むべき課題だからである。

　次の問題は、「準司法的権限」の行使にかかわる。「準司法的権限」の行使に当たっては特別な配慮等が必要だということから、この「準司法的権限」を担う機関として、「人権審判所」（仮称）を人権委員会とは別個に設置する立法例も、カナダその他では見られる（法務省「諸外国の国内人権機構等一覧」等を参照）。このような立法例に鑑みると、人権委員会がその付与される「準司法的権限」を行使する上で必要な組織面等の規定を置くかどうかが検討課題となる。たとえば、次のような規定がそれである。

・国内人権機関に人権審判所を付設し、国内人権機関の事務のうち、個別の人権侵害及び差別による被害の救済等の事務を担当すること。

　必要な救済回復を図り、再発防止策等を講じるためには、当該差別事案の詳しい調査が欠かせない。この調査をどう担保するかも問題となる。人権擁護法案では、強制調査権が規定されたが、反対に遭って、廃案の大きな理由となった。この点について、「公務員による人権侵害事案について、人権委員会の調査に実効性を持たせるため、これに対する公務所の協力義務を法定すべきであるし、その調査拒否に対してはそれを公表できることとすべきである」との提言が見られる（日本弁護士連合会会長・山岸憲司「『人権委員会設置法案』の閣議決定に対する会長声明」2019年9月19日等を参照）。公務員による差別事案のみならず、非公務員による差別事案についても、関係機関に対し調査についての協力義務を課すことが検討されてよい。上述の日弁連会長声明では、「刑事施設や入管施設などの公務員による人権侵害事案について、独立した立場から公平な調査を行うためには、人権委員会直属の事務局職員（現地担当官）が直接関与する体制を作ることが必要であり、その旨法案に明記すべきである」といった提言も見られる。

　ちなみに、人権擁護法案は、人権委員会による「準司法的権限の行使」にかかわって、強制調査について規定を置いていたことはすでに述べたところである（124頁）。

　人権擁護法案が、人権侵害の救済措置として規定していたのは、「調停」「仲

裁」「勧告及びその公表」「訴訟援助」「差別助長行為等の差止め等」である。
そのうち、「差別助長行為等の差止め等」に係る規定は次のようなものである。

第64条　人権委員会は、第43条に規定する行為（差別助長行為－引用者）が現
　　に行われ、又は行われたと認めるときは、当該行為をした者に対し、理由を
　　付して、当該行為をやめるべきこと又は当該行為若しくはこれと同様の行為
　　を将来行わないことを勧告することができる。
2　前項の勧告については、第60条第２項（人権委員会は、前項の規定による勧
　　告をしようとするときは、あらかじめ、当該勧告の対象となる者の意見を聴かなけれ
　　ばならない―引用者）及び第61条（当該勧告を受けた者がこれに従わないときは、
　　その旨及び当該勧告の内容を公表することができる。その場合、あらかじめ、当該勧
　　告に係る特別人権侵害の被害者及び当該公表の対象となる者の意見を聴かなければな
　　らない―引用者）の規定を準用する。
第65条　人権委員会は、第43条に規定する行為をした者に対し、前条第１項
　　の規定による勧告をしたにもかかわらず、その者がこれに従わない場合にお
　　いて、当該不当な差別的取扱いを防止するため必要があると認めるときは、
　　その者に対し、当該行為をやめるべきこと又は当該行為若しくはこれと同様
　　の行為を将来行わないことを請求する訴訟を提起することができる。
2　前項の訴訟については、第63条第７項の（人権委員会の訴訟参加について定
　　めた―引用者）規定を準用する。

　包括的な差別禁止法の制定に当たっても、これらの規定は参考になろう。

⑫自治体条例の役割に関する規定
　差別の禁止・救済に関する自治体の動きは、第２部でも紹介したように、注
目すべきものがある。もっとも、日本国憲法は、第94条で、「地方公共団体は、
その財産を管理し、事務を処理し、及び行政を執行する権能を有し、法律の範
囲内で条例を制定することができる」と規定しており、地方自治法第14条第１
項も、「普通地方公共団体は、法令に違反しない限りにおいて第２条第２項の
事務に関し、条例を制定することができる」と規定している。しかし、「法律
の範囲内で条例を制定」ということを「しゃくし定規」に解釈すると、法律が
ない場合には条例を制定できないということになりかねない。そこで、実務で
は、問題解決を図るために、「上乗せ条例」「袖切り条例」「横出し条例」等は
認められるという解釈が考案され、この解釈が定着している。
　「上乗せ条例」というのは、国の法令に基づいて規制されている事項につい
て、当該法令と同一の目的で、それよりも厳しい内容を課す条例のことをい
う。上乗せ規制ともいわれる。法令が全国一律の最低基準を課していると考え
られる場合には、上乗せ条例が許容される。地域によって差がある場合には、
地域にあわせて国の法令を上回る基準を設けることができるとされている。許

容例としては、大気汚染防止法第4条第3項、騒音規制法第4条第2項等が見られる。1969年に制定された東京都公害防止条例が「上乗せ条例」の始まりとされる。

　次に、「袖切り条例」というのは、国の法令が一定規模又は一定基準未満を規制対象外としている場合に、この領域を規制する対象に含めてしまう条例のことをいう。法令が一定基準未満をナショナルミニマム（国家が国民に保障する最低限の生活を営むために必要な基準）から外しており、地域の実情に応じて規制することを許容していると考えられる場合には、「袖切り条例」が認められることになる。たとえば、国の法令で一定規模以上の土地取引について届出が必要とされている場合で、当該規模以下の土地取引について届出制を定める場合とか、河川法の適用のない普通河川について条例で河川法と同様の管理をする場合が、これに該当する。

　さらに、「横出し条例」とは、国の法令と同一目的で規制を行う場合において、法令で規制していない事項を規制する条例のことをいう。法令による規律がナショナルミニマムにとどまり、地方の実情に合わせて規律してもよいと考えられる場合には、横出し条例は許容される。許容例としては、大気汚染法第32条、騒音規制法第27条第2項等が見られる。

　問題は、条例で罰則を規定できるかである。条例は、法律に準じた手続きで制定されるために、条例で罰則を規定しても合憲であると解されている。ただし、条例により課せられる罰則は、地方自治法第14条第3項の規定により、2年以下の懲役・禁錮、100万円以下の罰金、拘留、科料若しくは没収（以上刑罰）又は5万円以下の過料（行政罰）に制限されている。また、刑罰を盛り込む条例を制定する場合は、事前に検察官（地方検察庁）との協議を行うことが慣例となっている。これは、検察官のみが起訴（特定の刑事事件について裁判所の審判を求める意思表示）できる権限がある（刑事訴訟法第247条）ため、協議せずに条例制定をし、条文の不備等で起訴できないことになれば、刑罰を盛り込む意味がなくなってしまうためである。川崎市条例も、これに則り、罰則を定めている。

　前述したような差別禁止条例も、「上乗せ条例」や「横出し条例」という形で制定されている。

　その何よりの意義は、法令では明示の禁止規定が置かれていない差別を条例で規制することによって、これまで不在だった、当該差別を撲滅するための法的な根拠が提供されたということである。たとえ、条例であったとしても、法的な根拠が与えられたことの意義は格別のものがある。意義の二つめは、より実効的な規制の手段が条例で定められていることである。川崎市条例などは、その一例である。国の差別禁止の法令が「理念法」にとどまる場合、条例と組み合わせて運用することによって、「理念法」の限界を乗り越えていくことが可能となる。

　部落差別の解消についても、各地で自治体条例が制定されている。これに

は、①「部落差別撤廃条例」（伊賀町）、②「部落差別をなくす等人権を守る条例」（徳島市・荒尾市など）、③「部落差別をはじめあらゆる差別をなくする条例」（和歌山市、鳥取市、倉吉市、上野市、桑名市、須崎市など）、④「部落差別撤廃・人権擁護に関する条例」（小郡市、唐津市、大和町、湯浅町、阿蘇町、高森町、豊田村など）、等の類型が見られる。

　包括的な差別禁止法の制定に当たっても、「上乗せ条例」や「横出し条例」を認める明文規定を置くことが検討課題となろう。

⑬当事者参加に係る規定

　21世紀の人権は「当事者による当事者のための当事者の人権」だと説かれている。この当事者主権ないし当事者参加を保障する規定を置くことも、包括法では必要不可欠となろう。障害者差別解消法の第6条第4項では、「内閣総理大臣は、基本方針の案を作成しようとするときは、あらかじめ、障害者その他の関係者の意見を反映させるために必要な措置を講ずるとともに、障害者政策委員会の意見を聴かなければならない」と規定されているものの、そのような類の規定は、部落差別解消推進法やヘイトスピーチ解消推進法では認められないからである。次のような点が検討されることになろう。

・当事者参加について、その理念、意義等に係る総論的な規定を置くこと。
・その規定のなかで、当事者参加を欠く場合、被害当事者を「権利の主体」ではなく、「保護の客体」とすることによって、新たな「差別」被害を引き起こした歴史などに鑑み、当事者参加が必須である旨を明記すること。
・当事者参加の方法については、当事者団体等と協議し、その協議に基づいて実現していくことを明記すること。
・被害実態調査の結果、あるいは人権相談の結果等を分析し、その分析等を踏まえて、法の見直しを検討するために審議会を設置し、審議会には当事者の参加を保証する旨の規定を置くこと。

包括法の制定に動く諸外国

　諸外国には、すでに包括的差別禁止法の制定に動いている国もある。
　第二次世界大戦後、人権問題は国際化された。人権を守ることこそが世界大戦を防止するための最良の施策である。そのために、人権は、すべての人民とすべての国とが達成すべき「共通の基準」とされなければならず、人権の内容と人権擁護のシステムも国際的に平準化されなければならない。このように考えられるようになった。
　今、私たちに必要なことは、このような人権の国際化を受け入れ、人権の国際的な平準化に努めることではないか。包括的な差別禁止法の制定も、パリ原則に基づく国内人権機関の設置と並んで、その大きな課題の一つである。
　アメリカでは、1964年に人種、性別、宗教などを理由とする差別禁止法であ

る公民権法が成立している。

　黒人選挙権の保障。選挙の際の「読み書き能力テスト」の禁止など投票権行使における人種差別を排除すること。

　人種、肌の色、宗教、あるいは出身国を理由に、公共施設及びホテル、レストラン、映画館などの施設で差別若しくは隔離されてはならず、すべての人が財、サービス、設備、特典、利益、便宜を「完全かつ平等」に享受する権利を有すること。

　公教育における人種差別を排除するため、合衆国教育局がその実情について調査し、人種共学の実施について専門的援助を行うこと、また司法長官は適切な救済措置をとること。

　広く雇用における人種差別廃止をおし進めるために、平等雇用機会委員会を設置し、また裁判所に対し適当な「差別是正措置」（Affirmative Action）を講じるよう命じること。

　これらが主な内容である。これとは別に、障がい者に対する差別を禁止する条項は、1973年に「リハビリテーション法」に規定されている。

　ニュージーランドでは、1993年の「人権法」（差別禁止法）により、人権委員会の設置のほか、性別、宗教、肌の色、人種、年齢などの差別禁止事由が規定されている。

　イギリスでは、平等法（2010年）で、年齢、障害、性適合、婚姻及び同性婚、妊娠及び出産・育児、人種、宗教又は信条、性別、性的指向が「保護特性」とされ、直接差別、結合差別、障害に起因する差別、性適合による差別、妊娠及び出産・育児による差別、間接差別が定義され、禁止されている。

　「フランス差別禁止法」（差別との闘いの領域における共同体法の適用に係る諸条項に関する2008年5月27日の法律2008‐496号）は、差別防止に関する5つのEU指令を国内法化したものである。特に労働分野におけるフランスの最近の差別防止法制の在り方が反映されている。他方、「フランス差別防止機構設置法」（差別と闘い、平等を促進する高等機構創設に関する2004年12月30日の法律2004‐1486号）は、HALDE（Haute autorité de lutte contre les discriminations et pour l'égalité：差別と闘い、平等を促進する高等機構）と呼ばれる差別防止機構を創設する法律である。差別禁止が法的に規定されていても、差別が生じた際にその差別事件を取扱い、被害者を救済するための制度的保障がなければ差別防止の効果は上がらない。そこで、フランスは、2004年にHALDEを創設したのである。

　ドイツでは、刑法第130条（民衆扇動罪）及び第131条（暴力讃美及び人種的憎悪挑発の罪）のほか、包括的な差別禁止法である「一般平等待遇法」（平等待遇に関する欧州連合〔EU〕の4つの指令を実施するための法律）が2006年8月18日から施行されている。

　韓国では、差別禁止法の法案作成を進めてきた国家人権委員会は、2006年7月24日、国務総理に対し差別禁止法を制定するよう勧告した。韓国国家人権委員会は、韓国社会で発生している様々な差別への対処について、既存の差別防

止に関連する法が、実効性や被害者救済において不十分であり、また多くの場合被害者が社会的弱者であることを指摘して、包括的な差別禁止法の制定が必要であるとしている。同法案は差別の定義として、直接差別、間接差別、ハラスメントを含めている。また差別の範囲としては、性別、障害、年齢、人種、学歴、病歴、出身地、雇用形態、社会的身分など20の事由をあげ、その対象は、雇用、財・サービスの提供や利用、教育、法令や政策執行においての公権力の行使等の４つの領域となっている。実際に救済が行われるよう、調停や是正勧告にとどまらず、一定の条件における是正命令や訴訟の支援、差別の立証責任の転換（差別をした側に証明する責任があるとする）など多様な救済手段が盛り込まれている。

〈補足〉
＊フランス刑法とハラスメント ────────────────
　日本の法律は、セクシュアル・ハラスメントを、主に労働上の問題として扱っている。そして、セクシュアル・ハラスエントそれ自体を犯罪とはしていない。これに対し、フランス法は、労働上の問題に限定されないものとし、かつ、一般的な犯罪（セクシュアル・ハラスメント罪）としている。
　フランス刑法典でセクシュアル・ハラスメント罪について規定するのは刑法第222－33条で、従来は、「性的行為をさせることを目的として他人に嫌がらせを行った場合は、１年の拘禁刑及び１万5000ユーロの罰金に処する」という簡潔なものであった。しかし、あるセクシュアル・ハラスメント訴訟の当事者から同規定の違憲審査が申し立てられたことから、フランス憲法院は、2012年５月、セクハラ罪の構成要件が十分に定義されておらず、罪刑法定主義の原則に反するとして、当該規定を違憲とし、刑法典から削除する判決を下した。そこで、2012年８月６日の法律第2012年－954号が制定され、同法第１条により、刑法第222－33条が改正されることになった。セクシュアル・ハラスメントの定義も、「セクシュアル・ハラスメントとは、性的な含意のある言動であって、他人の尊厳を侵害する下劣もしくは屈辱的なもの又は威圧的、敵対的もしくは侮辱的な状況を生じさせるものについて、他人に対して繰り返しこれを強要することをいう」（第222－33－１条）というように見直され、さらに、「たとえこれを繰り返さない場合であっても、性的行為をさせることを現実の又は明白な目的として、形態のいかんを問わず強い威迫を用いることは、当該性的行為の要求がこの違法行為の正犯のためであるか第三者のためであるかにかかわらず、セクシュアル・ハラスメントとみなす」（第222－33－２条）との規定も新たに置かれた。この「強い威迫を用いる」形態のセクシュアル・ハラスメントについては、従来よりも重い２年の拘禁刑及び３万ユーロの罰金が科せられることになった。加えて、第222－33－３条により、①職務上与えられた権威を濫用する者による場合、②15歳未満の未成年者に対して行われた場合、③年齢、疾

病、身体障害、身体的もしくは精神的欠陥または妊娠により著しく脆弱な状態にあることが明白である者または行為者がそれを認識する者に対して行われた場合、④経済的もしくは社会的状況の不安定さからくる脆弱性もしくは依存性が明白である者または行為者がそれを認識している者に対して行われた場合、⑤正犯または共犯として行動する複数の者によって行われた場合は、3年の拘禁刑及び4万5000ユーロの罰金に処せられることになった。

　フランス刑法は、「言動や態度によって相手を精神的に苦しめたり傷つけたりする行動や態度」（モラル・ハラスメント）も犯罪としている。第222−33−2条の規定がそれで、「他人の労働条件を害し、職業上の将来を脅かすようなハラスメント」のうち、「配偶者、民事連帯協約を結んでいるパートナー又は内縁関係にある者の生活環境を悪化させるハラスメント」については、第222−33−2−1条が、また、「他人の生活環境を悪化させるハラスメント」については、第222−33−2−2条が規定している。同条についても、法律第2018−703号の第11条により、見直しが行われることになった。「他人の生活環境を悪化させるハラスメント」については、「身体的又は精神的健康状態の不良を生じさせる生活環境の悪化を目的とした又は当該悪化を結果として引き起こした繰り返しの言動によって人を攻撃する行為」をモラル・ハラスメントであると定義し、言動が繰り返されることがハラスメントの構成要件となっていたが、これを改め、言動が繰り返されなくても、同一の被害者に対して複数の者によって行われた場合はハラスメントとみなされることとなった。これにより、複数の加害者によって同一の者に加害が行われた場合、加害行為を繰り返さなかった者は、共犯者であるにもかかわらずハラスメントとみなされないという法の不備が埋められることになった。

　また、今回の改正では、サイバー・ハラスメントに対する罰則も設けられた。国民議会の調査報告書では、デジタル媒体を利用したハラスメントが自殺につながった事例としては、13歳の少女が数カ月にわたって学校の同級生や教師から学校で直接またはSNSを通じて嫌がらせを受け続けて自殺した事件（マリオン・フレス〔Marion Fraisse〕事件）等が取り上げられている（以上については、国立国会図書館海外立法情報課・服部有希「立法情報【フランス】セクシュアルハラスメント罪に関する規定の改正」国立国会図書館調査及び立法考査局立法情報『外国の立法』2012年10月号、国立国会図書館調査及び立法考査局海外立法情報課・安藤英梨香「フランスにおける性犯罪防止対策強化―性的暴力及び性差別的暴力との闘いを強化する2018年8月3日の法律第2018−703号―」国立国会図書館調査及び立法考査局立法情報『外国の立法』279号〔2019年3月〕、1頁以下、福永俊輔「フランス性犯罪規定の改正」西南学院大学法学論集第52巻第1号〔2019年8月〕、127頁以下等を参照）。

＊パリ原則

　国内機構の地位に関する原則（パリ原則）は、1993年12月20日に国際連合総会決議48/134によって採択された。国内機構（国内人権機関）は、加盟国の国民

の人権水準の向上のため、政府、議会及び権限を有するすべての機関に対し、人権の促進及び擁護に対するすべての事項について、助言、意見、提案、勧告を行う機関である。現在この原則に従い、世界110カ国がパリ原則に相当する国内人権機関を設けている。国連から繰り返し勧告を受けているが、日本にはいまだ存在しない。パリ原則は、「権限及び責務」、「構成並びに独立性及び多様性の保障」、「活動の方法」、「準司法的権限を有する委員会の地位に関する補充的な原則」の四部で構成されている。

＊人権擁護法案　第42条（不当な差別、虐待等に対する救済措置）────
第42条　人権委員会は、次に掲げる人権侵害については、前条第1項に規定する措置のほか、次款から第4款までの定めるところにより、必要な措置を講ずることができる。ただし、第1号中第3条第1項第1号ハに規定する不当な差別的取扱い及び第二号中労働者に対する職場における不当な差別的言動等については、第63条の規定による措置に限る。
　一　第3条第1項第1号に規定する不当な差別的取扱い
　二　次に掲げる不当な差別的言動等
　　イ　第3条第1項第2号イに規定する不当な差別的言動であって、相手方を畏怖させ、困惑させ、又は著しく不快にさせるもの
　　ロ　第3条第1項第2号ロに規定する性的な言動であって、相手方を畏怖させ、困惑させ、又は著しく不快にさせるもの
　三　次に掲げる虐待
　　イ　国又は地方公共団体の公権力の行使に当たる職員が、その職務を行うについてする次に掲げる虐待
　　　（1）人の身体に外傷が生じ、又は生ずるおそれのある暴行を加えること。
　　　（2）人にその意に反してわいせつな行為をすること又は人をしてその意に反してわいせつな行為をさせること。
　　　（3）人の生命又は身体を保護する責任を負う場合において、その保護を著しく怠り、その生命又は身体の安全を害すること。
　　　（4）人に著しい心理的外傷を与える言動をすること。
　　ロ　社会福祉施設、医療施設その他これらに類する施設を管理する者又はその職員その他の従業者が、その施設に入所し、又は入院している者に対してするイ（1）から（4）までに掲げる虐待
　　ハ　学校その他これに類する施設を管理する者又はその職員その他の従業者が、その学生、生徒、児童若しくは幼児又はその施設に通所し、若しくは入所している者に対してするイ（1）から（4）までに掲げる虐待
　　ニ　児童虐待の防止等に関する法律（平成12法律第82号）第二条に規定する児童虐待

ホ　配偶者（婚姻の届出をしていないが、事実上婚姻関係と同様の事情にある者を含む。次号において同じ。）の一方が、他方に対してするイ（1）から（4）までに掲げる虐待

　　ヘ　高齢者（65歳以上の者をいう。）若しくは障害を有する者（以下この号において「高齢者・障害者」という。）の同居者又は高齢者・障害者の扶養、介護その他の支援をすべき者が、当該高齢者・障害者に対してするイ（1）から（4）までに掲げる虐待

　四　放送機関、新聞社、通信社その他の報道機関又は報道機関の報道若しくはその取材の業務に従事する者（次項において「報道機関等」という。）がする次に掲げる人権侵害

　　イ　特定の者を次に掲げる者であるとして報道するに当たり、その者の私生活に関する事実をみだりに報道し、その者の名誉又は生活の平穏を著しく害すること。

　　　（1）犯罪行為（刑罰法令に触れる行為をいう。以下この号において同じ。）により被害を受けた者

　　　（2）犯罪行為を行った少年

　　　（3）犯罪行為により被害を受けた者又は犯罪行為を行った者の配偶者、直系若しくは同居の親族又は兄弟姉妹

　　ロ　特定の者をイに掲げる者であるとして取材するに当たり、その者が取材を拒んでいるにもかかわらず、その者に対し、次のいずれかに該当する行為を継続的に又は反復して行い、その者の生活の平穏を著しく害すること。

　　　（1）つきまとい、待ち伏せし、進路に立ちふさがり、住居、勤務先、学校その他その通常所在する場所の付近において見張りをし、又はこれらの場所に押し掛けること。

　　　（2）電話をかけ、又はファクシミリ装置を用いて送信すること。

　五　前各号に規定する人権侵害に準ずる人権侵害であって、その被害者の置かれている状況等にかんがみ、当該被害者が自らその排除又は被害の回復のための適切な措置を執ることが困難であると認められるもの

2　人権委員会は、前項第四号に規定する人権侵害について、調査を行い、又は同項に規定する措置を講ずるに当たっては、報道機関等の報道又は取材の自由その他の表現の自由の保障に十分に配慮するとともに、報道機関等による自主的な解決に向けた取組を尊重しなければならない。

おわりに

　2021年8月8日午後8時から閉会式が挙行された東京オリンピック2020は、差別問題についても「光と影」を映し出した。
　オリンピック憲章のうち「オリンピズムの根本原則」の5は、「人種、宗教、政治、性別、その他の理由に基づく国や個人に対する差別はいかなる形であれオリンピック・ムーブメントに属する事とは相容れない」と規定している。しかし、これまで競技開始前や表彰の場で人種差別等への抗議の意思を示すポーズをとること等は禁止されてきた。憲章の「第5章　オリンピック競技大会」の50-2が、「オリンピックの用地、競技会場、またはその他の区域では、いかなる種類のデモンストレーションも、あるいは政治的、宗教的、人種的プロパガンダも許可されない」と規定しているためである。その運用が今大会から一部緩和された。女子サッカーの5チームが、人種差別に対する抗議の証しとして試合前に片ひざをついたことなどは私たちの記憶に新しいところであろう。
　他方で、五輪は日本の人権水準の低さ、差別意識の根深さも浮き彫りにした。五輪の政治利用をねらう政府の姿勢が目立ち、大会が掲げる「多様性と調和」の理念は深く傷ついた。開会式のショーディレクターを務める演出家が、お笑いコンビで活動していたときにナチス・ドイツによるホロコーストを揶揄するセリフをコントに使っていたとの情報が開会式直前に流れ、ディレクターを解任された。大会組織委員会の任命責任が問われることはなかった。オリンピズムの原点に立ち戻るという姿勢に乏しかった。
　世界は大きく変化しだしている。他のさまざまな活動と同じよう

に、スポーツについても、人権を抜きにしては成り立たない時代に入っている。この苦い教訓から目をそらしてはならない。

2021年8月16日 　　　　　　　　　　　　　　　　　　　　内田博文

参考文献（本文で引用の文献は除く）として以下を参照した。
最高裁判所事務総局「ハンセン病を理由とする開廷場所指定に関する調査報告書」
　平成28年4月
熊本地方裁判所2019年6月28日判決
法務省人権擁護局「部落差別の実態に係る調査結果報告書」令和2年6月
浅倉むつ子「包括的差別禁止立法の意義—イギリス2010年平等法が示唆すること（山
　田省三他編『労働法理論変革への模索—毛塚勝利先生古稀記念』信山社、2015年、
　581頁以下）
髙野眞澄「差別撤廃条例制定の動向と課題」（『部落解放・人権研究所紀要』第109
　号、1996年、50頁以下）

●…内田博文（うちだ ひろふみ）

1946年大阪府生まれ。京都大学大学院法学研究科修士課程修了。九州大学名誉教授。専門は刑事法学（人権）、近代刑法史研究。ハンセン病市民学会共同代表。熊本県ハンセン病問題啓発推進委員会委員長（2015年から現在）、全国精神医療審査会連絡協議会理事（2017年から現在）、国立ハンセン病資料館館長（2021年から現在）、ハンセン病に係る偏見差別の解消のための施策検討会有識者部会座長（2021年から現在）。

主な単著に『刑法と戦争—戦時治安法制のつくり方』『医事法と患者・医療従事者の権利』（以上みすず書房）など。

感染症と人権—コロナ・ハンセン病問題から考える法の役割

2021年11月25日　第1版　第1刷発行

著者　内田博文©
発行　株式会社 解放出版社
　　　〒552-0001　大阪市港区波除4-1-37 HRCビル3階
　　　TEL 06-6581-8542　FAX 06-6581-8552
　　　東京事務所
　　　〒113-0033　東京都文京区本郷1-28-36 鳳明ビル102A
　　　TEL 03-5213-4771　FAX 03-5213-4777
　　　ホームページ　http://kaihou-s.com
装幀　伊原秀夫
印刷・製本　萩原印刷

ISBN978-4-7592-6798-3 C0036 NDC361
定価はカバーに表示しています。落丁・乱丁はおとりかえします。

テキストデータの提供について
障害などの理由でテキストデータをご希望の方は、下のテキストデータ引換券（コピー不可）を同封し、住所、氏名、メールアドレス、電話番号をご記入のうえ、下記までお申し込みください。メールの添付ファイルでテキストデータを送ります。なお、データはテキストのみで、図は含まれません。

●宛先
〒552-0001　大阪市港区波除4-1-37 HRCビル3階　解放出版社
『感染症と人権』テキストデータ係

テキストデータ引換券
『感染症と人権』
6798